●会计职业教育系列教材

成 本 会 计

主编 黄成光 应太松

ZHEJIANG UNIVERSITY PRESS
浙江大學出版社

编写说明

为适应高中等会计职业教育的需要和广大在职会计人员及会计信息使用者学习掌握财会专业业务知识的要求,我们组织有关学者,教师及会计实际工作者编写了一套会计职业教育系列教材。

本套会计职业教育系列教材共七本,包括《会计核算基础》、《会计核算实务》、《企业涉税事务》、《财务会计报告》、《企业内部控制》、《出纳实务》、《成本会计》等。本系列教材由浙江省财政干部教育中心组织编写组编写,张亚平同志担任总召集人,成员主要有:程运木、陶其高、包洪信、应太松、求嫣红、蒋婉萍、徐政、黄成光、俞兆辉、陶善贵、吴小明等。在具体编写过程中,傅钱生、陈建中等同志就教材的编写思想、编写提纲进行了指导并提出了许多宝贵意见。同时,本系列教材的编写参考并吸收了有关法规制度、教材和书籍的相关内容,谨此说明并在此表示衷心的感谢!

本套会计职业教育系列教材,力求体现以下特点:

内容新颖。本系列教材阐述的内容与新法规,新制度及会计准则保持一致,从专业术语的表达到具体方法的应用都体现了新会计法规的要求,符合新的规范。

实用性强。本系列教材对理论性问题不作深入探讨,不介绍高深学术观点,但对会计的程序和方法力求详尽,以培养学习者的操作能力。

系统性、针对性强。本系列教材系统地阐述了会计核算、财务分析及从企业的角度介绍企业与税务、企业与金融的业务处理。针对企业业务的实际情况出发,通过实例,直观清晰、深入浅出、通俗易懂,适合多层次财会从业人员的学习需要。

全书由黄成光、应太松担任主编,负责对全书进行修改总纂。参加本书编写的人员有:黄成光(第一章、第四章),朱家荣(第二章、第三章),程小瑜(第六章),瞿德友(第五章、第七章、第八章),应太松(第九章、第十章)。

由于编者水平所限,再加上时间仓促,本书难免有一些缺点和错误,恳请广大读者批评指正。

会计职业教育系列教材编写组

2008 年 1 月

目　录

第一章

概　述

第一节　成本会计的概念和特点

一、成本的含义

在商品经济中,经济效益产生于对"所得"与"所耗"的经济核算,经营管理者无不力求以最少的耗费,取得最大的经营成果。在这里,"所耗"即是指费用,而费用落实到一定对象上的部分,就是成本。

成本的概念有广义和狭义之分。广义的成本是指为了达到特定的目的而发生或应发生的价值牺牲,它可以用货币单位加以计量。广义的成本可以概括为对象化的耗费,对象不同,其成本的内容也有所不同。例如,为了取得材料发生的耗费,构成材料成本;为了取得固定资产发生的耗费,构成固定资产成本;为了生产产品发生的耗费,构成产品生产成本,等等。狭义的成本是指工业企业为了生产产品而发生的各种耗费,即产品生产成本。

成本实质上是劳动耗费,属于价值范畴,是商品经济发展到一定阶段的产物。按照马克思主义经济理论,产品价值(W)包括三个部分,即商品生产中耗费的生产资料价值(C)、劳动者为自己劳动创造的价值(V)和劳动者为社会创造的价值(M)。从耗费的角度,商品生产中所消耗的生产资料价值和劳动者为自己劳动创造的价值,即 C+V 部分,就是成本最基本的经济内涵,也称为理论成本。当产品销售出去以后,产品价值(W)得以实现,补偿了垫支的成本(C+V)之后,均为剩余价值(M)。理论成本的特点是包括了构成产品价值的全部耗费,既包括生产过程中发生的耗费,也包括销售过程中为实现产品价值发生的耗费,还包括管理生产经营活动以及筹集生产经营资金所发生的耗费。

现实成本是指实际工作中计算的产品生产成本。在实际工作中,为了促使工业企业加强经济核算,节约生产耗费,减少生产损失,并便于进行产品成本计算,某些不形成产品价值的损失(如废品损失、停工损失)也作为生产费用计入产品成本。此外,工业企业行政管理部门为组织和管理生产经营活动而发生的管理费用、为筹集生产经营资金而发生的财务费用,以及用于销售产品而发生的销售费用,由于大多按时期发生,难以按产品归集,为了简化成本核算工作,都作为期间费用处理,直接计入当期损益,从当期利润中扣除,不计入产品成本。因此,现实成本不是为生产产品发生的全部耗费,只是生产阶段发生的耗费,可以称为产品生产成本,也可以称为产品制造成本。

二、成本会计的概念

随着商品经济的发展,19世纪产业革命后,市场的自由竞争,迫使企业薄利多销,成本的大小成为市场竞争的关键,受到普遍重视。于是,成本核算被正式纳入会计工作,逐步产生了一系列成本记录和计算的方法,使成本会计得以发展,成为会计工作的重要组成部分。

从20世纪起,随着企业管理水平的提高,成本会计开始由事后的成本核算向事中控制分析和事前预测计划发展,先后产生了标准成本、目标成本、责任成本等成本核算体系和管理制度。成本会计也由最初应用于工业,逐步扩大到商业、农业、公用事业等众多行业。特别是电子计算机的产生,为成本会计应用现代数学、数理统计方法创造了良好的条件。应该说,现代的成本会计在应用范围、领域、内容和方法手段等方面都已大大发展,并且还将随着现代经济与科学技术的日益发达而不断发展和完善。

现代成本会计是企业财务会计的一个分支,它是以提高经济效益为目的,运用财务会计方法对企业生产经营管理中的成本及相关费用进行核算和监督的一种管理活动。

三、成本会计的特点

成本会计是会计的一个重要分支,是以成本为对象的一种专业会计。成本概念有广义和狭义之分,狭义成本又有理论成本与现实成本之分。本教材所讲成本是指狭义的现实成本,即产品生产成本。与之相适应,本教材所讲的成本会计,也是指有关产品生产成本的会计。

工业企业产品生产的过程,同时就是劳动对象、劳动资料和劳动力的耗费过程。工业企业在一定时期(例如一个月)内发生的、用货币额表现的生产耗费,称为工业企业生产费用。工业企业为生产一定种类、一定数量的产品所支出的各项生产费用总和,就是这些产品的成本(即制造成本)。工业企业成本会计的特点,就是对发生的生产费用进行确认、计量,并按照其用途进行分配,归集计入各种产品成本,并最终计算各种产品的产成品成本和月末在产品成本。

第二节 成本会计的对象、环节和任务

一、成本会计的对象

成本会计的对象就是指成本会计所要核算和监督的内容。明确成本会计的对象，对于运用和研究成本会计的方法，完成成本会计的任务，更好地发挥成本会计在经济管理中的作用，有着十分重要的意义。但是在不同行业，因其生产经营管理过程、方式及内容不同，成本会计对象也有所不同。

（一）工业企业成本会计的对象

工业企业的主要经营活动是材料物资采购、产品制造和产品销售三个环节，其中产品制造是中心环节。因此，工业企业成本会计的对象是材料物资采购成本、产品制造成本、产品销售成本，以及各项经营管理费用。产品制造成本是成本会计的主要内容，包括对制造产品消耗的各种材料费、人工费和制造费用等的核算和监督。各种产品单位制造成本的核算是否准确，直接关系到当期已销产品销售成本的计算，从而影响到当期损益的核算。材料物资的耗费在产品制造成本中占较大比重，为了正确核算产品制造成本，还必须正确核算各种材料物资的采购成本。企业在对供、产、销各环节进行经营管理的过程中发生的管理费用、财务费用和销售费用，直接影响当期损益核算，也是成本会计的重要内容。

由此可见，工业企业成本会计的对象包括产品的生产成本和经营管理费用。

（二）商品流通企业成本会计的对象

商品流通企业的主要经营活动是商品的采购、储存和销售。因此，商品流通企业的成本会计对象是商品采购成本和商品销售成本，以及各项商品流通费用。商品的采购成本和销售成本由进价和采购费用构成。商品流通费用是商品流通企业的经营管理费用，包括为采购、储存、销售商品发生的销售费用，以及在经营管理中发生的管理费用和财务费用。这些费用虽不计入商品的采购成本和销售成本，但直接影响当期损益核算，也应当作为成本会计的对象。

（三）其他行业企业成本会计的对象

其他行业企业成本会计的对象，总的来说是成本和不计入成本的相关费用，但不同行业的生产经营特点不同，其核算和管理的内容亦各不相同。

施工企业的基本经济活动是进行建筑工程施工，其成本会计的对象是工程成本，以及不计入工程成本的管理费用、财务费用。

房地产开发企业主要从事房屋和土地的开发，其成本会计的对象是房屋和土地的开发成本，以及不计入开发成本的销售费用、管理费用和财务费用。

交通运输企业主要从事汽车、铁路、航空和水上运输，其成本会计的对象是各种运

输成本,以及不计入运输成本的管理费用、财务费用。

旅游、饮食服务业主要是为人们提供旅游观光、临时食宿和其他生活服务,其成本会计的对象是营业成本,以及不计入营业成本的销售费用、管理费用和财务费用。

由上述可见,成本会计的对象既包括生产经营成本,又包括各种相关费用,因此,成本会计实际上是成本费用会计。

二、成本会计的环节

根据前面所讲的成本会计的特点,可以看出,成本会计是指有关产品生产成本的会计。然而,按照成本会计与产品生产成本的形成过程的关系,成本会计又可以分为成本预测、成本决策、成本计划、成本控制、成本核算、成本分析和成本考核七个环节。

(一)成本预测

成本预测是指在产品生产过程开始之前,根据与产品成本有关的各种数据,可能发生的变化和将要采取的措施,采用一定的专门方法,对未来的产品成本水平及其变化趋势作出的科学预测。通过成本预测,可以减少生产经营管理的盲目性,提高降低成本和费用的自觉性,充分挖掘降低成本和费用的潜力。

(二)成本决策

成本决策是指根据成本预测提供的数据和其他有关资料,在若干个与产品生产成本有关的方案中,选择最优方案,确定产品目标成本。进行成本决策,确定目标成本是编制成本计划的前提,也是实现成本的事前控制,提高经济效益的重要途径。

(三)成本计划

成本计划是指根据成本决策确定的产品目标成本,具体规定在计划期内为完成产品生产任务所应发生的生产费用支出计划和完工产品成本计划,并提出为达到规定的产品成本水平所应采取的各种具体措施。成本计划是降低成本、费用的具体目标,也是进行成本控制、成本分析和成本考核的依据。成本计划的编制过程,是进一步挖掘降低成本费用潜力的过程。

(四)成本控制

成本控制是指在产品生产过程中,根据成本计划对各种实际发生的生产费用进行审核、控制,将其限制在成本计划之内,防止超支、浪费和损失的发生,以保证成本计划的执行。成本控制可以揭示成本、费用脱离定额或计划的差异,有利于采取措施降低成本费用,完成和超额完成成本计划。

(五)成本核算

成本核算是指对产品生产过程中实际发生的生产费用进行计算,并进行相应的账务处理,最终计算出产成品成本。成本核算,是对成本计划执行结果,亦即成本控制结果的事后反映。

（六）成本分析

成本分析是指根据成本核算提供的产品成本数据和其他有关资料,与本期产品计划成本、上年同期产品实际成本、本企业历史先进成本水平进行比较,确定成本差异,并且分析差异产生的原因,落实成本责任,以便采取措施,改进企业生产经营管理,降低产品成本、费用,提高经济效益。通过成本分析,还可以为成本考核提供依据,为未来成本的预测和决策,以及编制新的成本计划提供资料。

（七）成本考核

成本考核是指在成本分析的基础上,定期地按成本计划的执行结果进行评价和考核。成本考核应该与奖惩制度相结合,根据成本考核的结果进行奖惩,以便充分调动企业职工执行成本计划、努力降低产品成本的积极性。

上述成本会计的环节,按照与产品生产过程的关系,可以分为事前成本会计、事中成本会计和事后成本会计。事前成本会计包括成本预测、成本决策和成本计划三个环节,即在生产过程开始之前,对产品成本水平进行预测、决策,编制成本计划,确定成本控制的目标;事中成本会计包括成本控制和成本核算两个环节,即在生产过程中对成本计划的执行过程进行控制、调节,并对生产过程中发生的耗费进行核算,以反映成本计划的执行结果;事后成本会计是指生产过程结束以后,对成本计划的执行结果进行分析、评价和奖惩。

综上所述,可以看出,成本会计的各个环节是相互联系、相互补充的,贯穿于产品生产的全过程,并在全过程中发挥作用。在成本会计的七个环节中,成本核算是基础。没有成本核算,成本的预测、决策、计划、控制、分析和考核都无法进行。成本会计的其他环节,正是在成本核算的基础上,随着工业企业生产管理要求的提高和管理科学的发展而逐步形成的。成本核算可以称为原始的成本会计。包括上述七个环节的成本会计,可以称为现代成本会计,实际上也就是成本管理。

三、成本会计的任务

现代成本会计作为成本管理,是工业企业生产经营管理的重要组成部分。因此,现代成本会计的任务是由企业生产经营管理的要求所决定的。但是,现代成本会计不可能满足工业企业生产经营管理各个方面的要求,而只能在其对象范围内,为工业企业生产经营管理提供所需的成本数据,以达到降低产品成本、提高经济效益的目的。因此,现代成本会计的任务还要受到其对象的制约。

根据工业企业生产经营管理的要求,现代成本会计的任务是:

1. 通过成本的预测和决策,制定工业企业的目标成本编制成本计划,作为企业降低产品成本的努力方向,亦作为产品成本控制、分析和考核的依据。

2. 根据成本会计和相应的消耗定额,控制各项生产费用的支出,防止浪费和损失,促使工业企业完成成本计划。

3. 正确、及时地进行成本核算,反映成本计划的执行结果,为工业企业进行生产经营决策提供成本数据。

4. 分析和考核成本计划的执行情况,调动职工的生产积极性,促使工业企业加强生产经营管理,挖掘降低产品成本的潜力,提高经济效益。

综上所述,成本会计的中心任务,是促使企业降低成本、费用,改进生产经营管理,提高经济效益。

第三节　成本核算的要求和一般程序

一、成本核算的要求

(一)算管结合,算为管用

进行成本核算,首先要根据国家有关的法规和制度,以及企业的成本计划和相应的消耗定额,对企业的各项费用进行审核和控制,观察开支是否合理;已经开支的,应不应该计入生产经营管理费用;计入生产经营管理费用的,应不应该计入产品成本。为此,要对费用的发生情况,以及费用脱离定额或计划的差异进行日常的核算和分析,并及时进行反馈。属于不合法、不合理、不利于提高经济效益的超支、浪费或损失要制止;已经无法制止的,要追究责任,采取措施,防止以后再发生;属于定额或计划不符合实际情况而发生的差异,要按规定程序修订定额或计划。其次要对已经开支的生产经营管理费用进行归集;经营管理费用应按期间进行归集,并计入当期损益;生产费用按产品进行归集,计算各种产品成本,以便为产品成本的定期分析和考核,进一步挖掘降低成本的潜力提供数据。计算产品成本,既要防止为算而算,搞繁琐哲学,脱离成本管理和生产经营管理实际需要的做法;也要防止片面追求简化,不能为管理提供所有数据的做法。

(二)正确划分各种费用界限

为了正确地核算生产费用和经营管理费用,正确地计算产品实际成本和企业盈亏,必须正确划分以下五个方面的费用界限。

1. 正确划分生产经营管理费用与非生产经营管理费用的界限

工业企业的经济活动是多方面的,除了生产经营活动以外,还有其他方面的经济活动,因而费用的用途也是多方面的,并非都应计入生产经营管理费用。例如企业购置和建造固定资产、购买无形资产以及进行对外投资,这些经济活动都不是企业日常的生产经营活动,其支出都属于资本性支出,不应计入生产经营管理费用;又如企业的固定资产盘亏损失、固定资产报废清理损失、由于自然灾害等原因而发生的非常损失,以及由于非正常原因发生的停工损失等,都不是由于日常的生产经营活动而发生的,也不应计入生产经营管理费用。只有用于产品的生产和销售、组织和管理生产经营活

动,以及用于筹集生产经营资金和各种费用,即收益性支出,才应计入生产经营管理费用。企业既不应乱挤生产经营管理费用,将不属于生产经营管理的费用,计入生产经营管理费用;也不应将属于生产经营管理的费用,不计入生产经营管理费用。乱挤和少计生产经营管理费用,都会使成本、费用不实,不利于企业成本管理。乱挤生产经营管理费用,还会减少企业利润和国家财政收入;少计生产经营管理费用,则会虚增企业利润,超额分配,使企业生产经营管理的耗费得不到应有的补偿,影响企业再生产的顺利进行。因此,每一个工业企业都应正确地划分生产经营管理费用与非生产经营管理费用的界限,遵守国家关于成本、费用开支范围的规定,防止乱挤和少计生产经营管理费用的错误做法。

2. 正确划分生产费用与经营管理费用的界限

工业企业的生产费用应计入产品成本。产品成本要在产品产成并销售以后才计入企业的损益;而当月投入生产的产品不一定是当月产成、销售,当月产成、销售的产品也不一定是当月投入生产的,因而本月发生的生产费用往往不是计入当月损益、从当月利润中扣除的产品销售成本。但是,工业企业发生的经营管理费用作为期间费用处理,不计入产品成本,而直接计入当月损益,从当月利润中扣除。因此,为了正确地计算产品成本和经营管理费用,正确地计算企业各个月份的损益,还应将生产经营管理费用正确地划分为生产费用和经营管理费用,也就是划分为成本和费用。用于产品生产的原材料费用、生产工人工资费用和制造费用等,应该计入生产费用,并据以计算产品成本;由于产品销售、组织和管理生产经营活动和筹集生产经营资金所发生的费用,应该计入经营管理费用,并归集为销售费用、管理费用和财务费用,直接计入当月损益,从当月利润中扣除。应该防止混淆生产费用和经营管理费用的界限,也就是防止混淆成本和费用的界限,将产品的某些成本计入期间费用,计入当月损益,或者将某些期间费用计入产品成本,借以调节各月产品成本和各月损益的错误做法。

3. 正确划分各个月份的费用界限

为了按月分析和考核产品成本和经营管理费用,正确计算各月损益,还应将应计入产品成本的生产费用和作为期间费用处理的经营管理费用,在各个月份之间进行划分。为此,本月发生的成本、费用都应在本月入账,不应将其中部分延到下月入账;也不应未到月末就提前结账,将本月成本、费用的一部分作为下月成本、费用处理。更为重要的是:应该贯彻权责发生制原则,正确核算待摊费用和预提费用。本月支付,但属于本月和以后各月受益的费用,应记作待摊费用(摊销期间超过一年的记作长期待摊费用),分期摊销计入以后各月的费用;本月虽未支付,但本月已经受益的成本、费用,应记作预提费用,预提计入本月的成本、费用。为了简化核算工作,数额较小的应待摊和预提的费用,也可以不作为待摊、预提费用处理,全部计入支付月份的成本、费用。应该防止利用费用待摊和预提的办法人为调节各个月份的产品成本和经营管理费用,人为调节各月损益的错误做法。

4. 正确划分各种产品的费用界限

为了分析和考核各种产品的成本计划执行情况,应该分别计算产品的成本。因此,应该计入本月产品成本的生产费用还应在各种产品之间进行划分。属于某种产品单独发生,能够直接计入该种产品成本的生产费用,应该直接计入该种产品的成本;属于几种产品共同发生,不能直接计入某种产品成本的生产费用,则应采用适当的分配方法,分配计入这几种产品的成本。应该特别注意盈利产品与亏损产品、可比产品与不可比产品之间的费用界限划分。应该防止在盈利产品与亏损产品之间,以及可比产品与不可比产品之间任意增减生产费用,以盈补亏、掩盖超支,虚报产品成本降低业绩的错误做法。

5. 正确划分完工产品与在产品的费用界限

月末计算产品成本时,如果某种产品都已完工,这种产品的各种生产费用之和,就是这种产品的完工产品成本;如果某种产品都未完工,这种产品的各项生产费用之和,就是这种产品的月末在产品成本;如果某种产品一部分已经完工,另一部分尚未完工,这种产品的各项生产费用,还应采用适当的分配方法在完工产品与月末在产品之间进行分配,分别计算完工产品成本和月末在产品成本。应该防止任意提高或降低在产品成本,人为调节完工产品成本的错误做法。

以上五个方面费用界限的划分,都应贯彻受益原则,即何者受益何者负担费用,何时受益何时负担费用;负担费用的多少应与受益程度大小成正比。这五个方面费用界限的划分过程,也是产品成本的计算过程。

(三)正确确定资产的计价和价值结转的方法

工业企业拥有的各项资产,绝大部分是生产资料,它们的价值随着生产过程中的耗用,转移到产品成本和经营管理费用中。因此,这些资产的计价和价值结转的方法,也会影响成本和费用。其中与固定资产有关的有:固定资产原值计算方法、折旧方法,折旧率的种类和高低等。与流动资产有关的有:材料价值(成本)的组成内容、材料按实际成本进行核算时发出材料单位成本的计算方法、材料按计划成本进行核算时材料成本差异率的种类(个别差异率、分类差异率还是综合差异率,本月差异率还是上月差异率)、采用分类差异率时材料类距的大小等。与固定资产和流动资产共同相关的有:固定资产与低值易耗品的划分标准、低值易耗品的摊销办法、摊销期限的长短和摊销率的高低等。为了正确、及时地计算成本和费用,对于这些资产的计价和价值结转的方法都应既较合理又较简便。国家有统一规定的,应采用国家统一规定的方法。要防止任意改变资产计价和价值结转的方法,借以人为调节成本和费用的错误做法。

(四)做好各项基础工作

为了进行成本的审核、控制,正确计算产品成本和经营管理费用,还必须做好以下各项基础工作:

1. 定额的制定和修订

产品的消耗定额是编制成本计划、分析和考核成本水平的依据,也是审核和控制耗费的标准。应该根据工业企业当前设备条件和技术水平,充分考虑职工群众的积极因素,制定和修订先进而又可行的原材料、燃料、动力和工时等项消耗定额,并据以审核各项耗费是否合理,是否节约,借以控制耗费,降低成本费用。在计算产品成本时,往往也要根据产品的原材料和工时的定额消耗量或定额费用作为分配实际费用的标准。制定和修订产量、质量的消耗等各种定额,是搞好生产管理、成本管理和成本核算的前提。

2. 存货的计量、收发、领退和盘点

为了进行成本管理和成本核算,还必须对各项存货的收发、领退和结存进行计量,建立和健全各项存货的计量、收发、领退和盘点制度。材料的收发、领退,在产品、半成品的内部转移和产成品的入库等,均应填制相应的凭证,经过一定的审批手续,并经过计量、验收和交接,防止任意领发和转移。库存的材料、半成品和产成品,以及车间的在产品和半成品,都应按照规定进行盘点、清查,防止丢失、积压、损坏变质和被贪污盗窃。这些工作也是工业企业进行生产经营管理所必需的。

3. 原始记录

只有计量没有记录,核算就没有书面的凭证依据。为了进行成本的核算和管理,对于生产过程中工时和动力的耗费,在产品和半成品的内部转移,以及产品质量的检验结果等,均应作出真实的记录。原始记录对于劳动工资、设备、动力、生产技术等方面的管理,以及有关的计划统计工作,也有重要的意义。应该制定既符合各方面管理需要,又符合成本核算要求,既科学又易行、讲求实效的原始记录制度,并且组织有关职工认真做好各种原始记录的登记、传递、审核和保管工作,以便正确、及时地为成本核算和其他有关方面提供所需原始资料。

4. 厂内计划价格的制定和修订

在计划管理基础较好的工业企业中,为了分清企业内部各单位的经济责任,便于分析和考核内部各单位成本计划的完成情况,还应对材料、半成品和厂内各车间相互提供的劳务(如修理、运输等)制定厂内计划价格,作为内部结算和考核的依据。厂内计划价格应该尽可能接近实际并相对稳定,年度内一般不作变动。在制定了厂内计划价格的工业企业中,对于材料领用、半成品转移以及各车间、部门之间相互提供劳务,都应先按计划价格结算,月末再采用一定的方法计算和调整价格差异,据以计算实际成本和费用。按计划价格进行企业内部的往来结算,还可以简化和加速成本核算工作。

(五)适应生产特点和管理要求,采用适当的成本计算方法

产品成本是在生产过程中形成的,生产组织和工艺过程不同的产品,应该采用不同的成本计算方法。计算产品成本是为了管理成本,管理要求不同的产品,也应该采用不同的成本计算方法。这一问题后面再作详细讲述。

二、成本费用的分类

工业企业的生产经营费用包括：①用于产品生产的费用，称为生产费用；②用于产品销售的费用，称为销售费用；③用于组织和管理生产经营活动的费用，称为管理费用；④用于筹集生产经营资金的费用，称为财务费用。工业企业的生产费用是指一定会计期间内为生产产品发生的各种耗费，包括生产产品耗用的直接材料、直接工资和制造费用等。生产费用归集到一定种类和数量的产品上，即形成该种产品的生产成本。期间费用则特指管理费用、财务费用和销售费用，它们直接计入当期损益，而不计入产品生产成本。

（一）生产费用的分类

生产费用的合理分类，是按照管理要求核算生产费用，正确计算产品成本的重要条件。为了正确地组织产品成本核算，加强费用的控制监督，企业应对费用按照不同标志进行合理分类，其中最基本的是按生产费用的经济内容和经济用途进行分类。

1. 生产费用按经济内容分类

生产费用按经济内容分类，是把成本的经济内容具体化，即将费用的原始形态按其性质划分为若干个费用要素，通常分为以下几项：

（1）外购材料。指企业为了生产产品而耗用的一切从外部购进的原料及主要材料、半成品、辅助材料、包装物、修理用备件和低值易耗品等。

（2）外购燃料。指企业为生产产品而耗用的一切从外部购进的各种固体、液体、气体燃料。

（3）外购动力。指企业为生产产品而耗用的一切从外部购进的各种动力。包括电力、热力和蒸汽等。

（4）工资。指企业应计入生产费用的职工工资。

（5）职工福利费。指企业应计入生产费用的职工福利费。

（6）折旧费。指企业按照规定计算提取的固定资产折旧费（不包括出租固定资产折旧费）。

（7）其他支出。指不属于以上各要素的费用。如劳动保护费、租赁费、保险费、设计费等。

以上生产费用的各要素称为费用要素。按照费用要素反映的生产费用称为要素费用。按照费用要素分类反映的成本信息可以反映企业在一定时期内发生了哪些生产费用，数额多少，用以分析各个时期生产费用的构成和水平。上述要素费用，是企业在生产过程中发生的原始费用，企业对产品成本进行核算和控制，都应该从要素费用开始。

2. 生产费用按经济用途分类

生产费用按经济用途可分为计入产品成本的生产费用和不计入产品成本的生产

费用。为了具体反映计入产品成本的生产费用的各种用途,还应划分为若干个项目,即产品生产成本项目,简称产品成本项目或成本项目。工业企业一般设置以下几个成本项目:

(1)直接材料,也称原材料。指直接用于产品生产并构成产品实体的原料、主要材料或有助于产品形成的辅助材料费用,以及直接用于产品生产未专设成本项目的各种燃料费用。

(2)直接人工。指直接参加产品制造的生产工人的工资和职工福利费。

(3)制造费用。指间接用于产品生产的各项费用,以及直接用于产品生产,但不便于计入产品成本,因而没有专设成本项目的生产费用。包括企业内部生产单位的管理人员工资及福利费、固定资产折旧费、修理费、办公费、水电费、机物料消耗、低值易耗品摊销、劳动保护费、季节性和修理期间的停工损失等等。

在实际工作中,企业可以根据本企业的生产特点和成本管理要求,增设和分解成本项目,以归集能够计入成本核算对象的费用。例如设置"燃料及动力"、"废品损失"、"停工损失"等成本项目。

3. 生产费用按计入产品成本的方法分类

按计入产品成本的方法划分,生产费用可分为直接计入费用和间接计入费用。直接计入费用指可以分清哪种产品所耗用、可以直接计入某种产品成本的生产费用。间接计入费用,是指不能分清哪种产品所耗用、不能直接计入某种产品成本,而必须按照一定标准分别计入有关的各种产品成本的生产费用。

4. 生产费用按是否与产品生产工艺过程直接相关分类

按与产品生产工艺过程直接相关划分,生产费用可分为直接生产费用和间接费用。在构成产品成本的各项生产费用中,与产品生产工艺过程直接相关,直接用于产品生产的费用,可称为直接生产费用,例如原料费用、主要材料费用、工艺用燃料费用、动力费用、生产工人工资和机器设备折旧费用等;与产品生产工艺过程没有直接联系、间接用于产品生产的费用,称为间接生产费用,例如机物料消耗、辅助工人工资和车间厂房折旧费用等。

直接生产费用大多是直接计入费用,例如原料、主要材料费用大多能够直接计入某种产品成本;间接生产费用大多是间接计入费用,例如机物料消耗大多只能按照一定标准分配计入有关的各种产品成本。但也不都是如此。例如在只生产一种产品的工业企业或车间中,直接生产费用和间接生产费用都是可以直接计入该种产品成本,都是直接计入费用;在用同一种原材料、同时生产出几种产品的联产品生产(如石油提炼)企业中,直接生产费用和间接生产费用都不能直接计入某种产品成本,都是间接计入费用。

(二)期间费用按经济用途的分类

工业企业的期间费用按照经济用途可分为销售费用、管理费用和财务费用。

1. 销售费用。销售费用是指企业在产品销售过程中发生的各项费用。包括包装费、运输费、装卸费、保险费、展览费、广告费,以及为销售本企业商品而专设的销售机构(含销售网点、售后服务网点等)的职工工资及福利费、差旅费、办公费、折旧费、修理费等等。

2. 管理费用。管理费用是指企业行政管理部门为组织和管理生产经营活动而发生的各种费用,包括工厂总部管理人员的工资及福利费、差旅费、办公费、折旧费、修理费、物料消耗、低值易耗品摊销,以及企业的工会经费、待业保险费、劳动保险费、董事会费、聘请中介机构费、咨询费(含顾问费)、诉讼费、业务招待费、税金、技术转让费、矿产资源补偿费、无形资产摊销、职工教育经费、研究与开发费、排污费、存货盘亏、毁损和报废等。

3. 财务费用。财务费用是指企业为筹集生产经营所需资金而发生的费用,包括企业生产经营期间发生的利息支出(减利息收入)、汇兑损失(减汇兑收益)以及相关的手续费等。

三、成本核算的账户设置

为了归集和分配生产费用,进行成本核算,企业一般应设置"生产成本"、"制造费用"、"劳务成本"、"待摊费用"、"预提费用"、"长期待摊费用"等账户。

(一)"生产成本"账户

"生产成本"账户核算企业进行工业性生产,包括生产各种商品产品(包括产成品、自制半成品等)、自制材料、自制工具、自制设备等所发生的生产费用,计算产品和劳务实际成本。

工业企业的生产根据各生产单位任务的不同,可以分为基本生产和辅助生产。基本生产是指为完成企业主要生产任务而进行的商品产品生产或劳务供应。辅助生产是指为企业基本生产单位或其他部门服务而进行的产品生产或劳务供应,如企业内部的供水、供电、供气、自制材料、自制工具和运输、修理等生产。企业辅助生产单位的产品和劳务,虽然也对外销售一部分,但主要是服务于企业基本生产单位和管理部门。根据企业生产费用核算和产品成本计算的需要,企业一般可以在"生产成本"这一总分类账户下,分设"基本生产成本"和"辅助生产成本"两个二级账户;也可以将"生产成本"这一账户,分设为"基本生产成本"和"辅助生产成本"两个总分类账户。本书按照一般工业企业的情况,设置"生产成本"和"制造费用"两个成本费用类总分类账户,在"生产成本"总分类账户下,设置"基本生产成本"和"辅助生产成本"两个二级账户。

1."生产成本——基本生产成本"账户。该账户的借方,登记企业从事基本生产活动的生产单位(车间、分厂)所发生的直接材料费用、其他直接费用和自"制造费用"账户转入的基本生产单位发生的制造费用;该账户的贷方,登记结转的基本生产单位完工入库产品成本和已完成的劳务成本;该账户的期末余额在借方,表示基本生产单位

期末尚未完工的在产品成本。

2."生产成本——辅助生产成本"账户。该账户的借方,登记企业从事辅助生产活动的生产单位(分厂、车间)所发生的各项直接费用和自"制造费用"账户转入的辅助生产单位发生的制造费用;该账户的贷方,登记结转的辅助生产单位完工入库产品(如自制材料、工具等)成本和分配给各受益对象的已完成劳务(如修理服务)成本;该账户的期末余额在借方,表示辅助生产单位期末尚未完工的在产品(如自制材料、工具等)成本。

为了正确计算各种产品和劳务的实际总成本,在按照企业生产单位设置的生产成本二级账下,还应按照各个生产单位的成本计算对象,设置产品(劳务)生产成本明细账。按成本计算对象设置的生产成本明细账,用来归集该成本计算对象所发生的全部生产费用,并计算出该对象的完工产品(或劳务)的实际总成本和期末在产品成本。因此,产品(劳务)生产成本明细账也称产品(劳务)成本计算单。

企业按生产单位设置的基本生产成本二级账和辅助生产成本二级账,以及按成本计算对象设置的生产成本明细账(产品成本计算单),都应当按成本项目设专栏组织生产费用的核算和产品成本的计算。期末,"生产成本"总分类账户应与所属的二级账户核对;生产成本二级账户应与所属明细账核对。不设生产成本二级账户的企业,"生产成本"总分类账户,直接与所属的产品(劳务)生产成本明细账核对。

(二)"制造费用"账户

"制造费用"账户核算企业为生产产品和提供劳务而发生的各项间接费用,包括工资和福利费、折旧费、设计费、办公费、水电费、机物料消耗、劳动保护费、季节性和修理期间的停工损失等。该账户的借方登记企业各生产单位为生产产品和提供劳务而发生的各项间接费用;贷方登记期末分配结转(转入"生产成本"账户)的制造费用;除季节性生产企业外,期末结转以后该账户应无余额。

"制造费用"账户应当按照不同的车间、部门设置明细账,并按费用项目设专栏进行明细核算。

(三)"劳务成本"账户

"劳务成本"账户核算企业对外提供劳务所发生的成本(企业接受的建造合同劳务所发生的成本,不在本账户核算)。该账户的借方登记发生的各项劳务成本;贷方登记结转完成劳务的成本;期末借方余额反映尚未完成劳务的成本,或尚未结转的劳务成本。

"劳务成本"账户应按接受劳务种类设置明细账,进行明细核算。

(四)"待摊费用"账户

"待摊费用"账户核算企业已经支付,但应由本期和以后各期成本(费用)分别负担的分摊期限在一年以内(包括一年)的各项费用,如预付保险费、预付租入固定资产的租金、预付报刊订阅费,以及低值易耗品摊销等。该账户的借方登记企业发生(支出)的各项摊销期在一年以内的待摊费用;贷方登记分期摊入有关成本费用的数额;期末余额在借方,表示企业已经发生(支出)尚未摊销的费用数额。

"待摊费用"账户应按费用种类设置明细账,进行明细核算。

(五)"预提费用"账户

"预提费用"账户核算企业按照规定从成本费用中预先提取但尚未支付的费用。如预提的租金、保险费、借款费用等。该账户贷方登记企业按计划预提计入产品成本和期间费用的费用数额;借方登记实际支付的费用数额;期末余额的贷方,反映企业已经从有关成本费用中预提,尚未支付的费用数额。期末若为借方余额,反映企业实际支出的费用大于预提数的差额,即尚未摊销的费用。

"预提费用"账户应按费用种类设置明细账,进行明细核算。

(六)"长期待摊费用"账户

"长期待摊费用"账户核算企业已经发生(支出),但摊销期限在一年以上(不含一年)的各项费用,如租入固定资产的改良支出以及摊销期限在一年以上的其他待摊费用。该账户借方登记企业发生(支出)的各项长期待摊费用;贷方登记分期摊销计入制造费用、管理费用、营业费用等的数额;期末余额在借方,表示企业已经发生(支出)尚未摊销的长期待摊费用数额。

"长期待摊费用"账户应按费用的种类设置明细账,进行明细核算。

对于需要单独核算废品损失和停工损失的企业,还应在"生产成本"账户下分别设置"废品损失"和"停工损失"明细账户,进行核算;或者直接设置"废品损失"和"停工损失"账户,进行废品损失和停工损失的核算。

四、成本核算的一般程序

工业企业产品成本核算程序就是指生产过程的费用计入产品成本的过程,也称成本流程。在这个过程中,耗用原材料、燃料和动力,发生工资、计提折旧等费用,有的直接计入产品成本,有的通过一系列的归集和分配手续,逐步汇总到产品成本中去。月终,有的产品完工,有的没有完工,要将产品成本在完工产品和在产品之间进行划分,确定完工产品和在产品成本。产品成本核算的一般程序是指对企业在生产经营过程中发生的各项生产费用和期间费用,按照成本核算的要求,逐步进行归集和分配,最后计算出各种产品的生产成本和各项期间费用的基本过程。根据前述的成本核算要求和生产费用、期间费用的分类,可将成本核算的一般程序归纳如下:

(一)确定生产费用

确定生产费用,就是对工业企业的各项耗费进行审核和控制,确定费用应不应该开支;应开支的费用,应不应该计入生产经营管理费用,应计入生产费用还是经营管理费用,也就是将生产经营管理费用分配,归集为成本和费用。这时包括成本、费用的审核和控制工作,也包括前述费用界限划分的第一、二两个方面费用界限的划分工作。

（二）确定本月生产费用

确定本月生产费用，就是将本月开支的生产费用中应该留待以后月份摊销的费用，记作待摊费用；将以前月份开支的待摊费用中本月应摊销的费用，摊入本月生产费用；将本月尚未开支但应由本月负担的费用，预提计入本月生产费用。这是前述第三方面费用界限的划分工作。

（三）确定各种产品的生产费用

确定各种产品的生产费用，就是将本月生产费用在各种产品之间进行分配和归集，并按成本项目分别反映，算出按成本项目反映的各种产品的成本。这是本月生产费用在各种产品之间横向的分配和归集，是前述第四方面费用界限的划分工作。

（四）确定各种产品的完工产品和月末在产品成本

确定完工产品和月末在产品成本，就是对于既有完工产品又有在产品的产品，将月初在产品成本与本月生产费用之和，在本月完工产品与月末在产品之间进行分配和归集，算出该种完工产品和月末在产品的成本。这是生产费用在同种产品中本月完工产品与月末在产品之间纵向的分配和归集，是第五方面费用界限的划分工作。

根据产品成本核算的一般程序，其产品成本核算的账务处理程序如图 1-1。

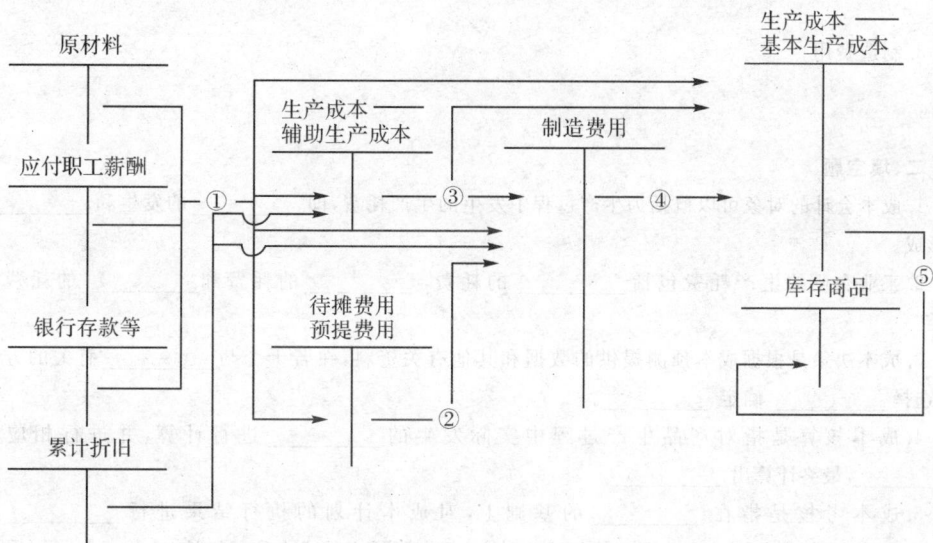

图 1-1　工业企业产品成本核算账务处理基本程序

说明：

①各项要素费用分配；

②待摊费用的摊销和预提费用的预提；

③辅助生产费用的分配；

④基本生产车间制造费用的分配；

⑤产品成本的结转。

练习题

一、名词解释

1. 成本预测

2. 成本计划

3. 成本控制

4. 成本分析

5. 直接材料

6. 制造费用

二、填空题

1. 成本会计的对象可以概括为生产过程中发生的生产耗费,即_____的发生和_____的形成。

2. 工业企业的生产耗费包括_____的耗费,_____的耗费和_____的耗费三大类。

3. 成本决策是根据成本预测提供的数据和其他有关资料,在若干个与_____有关的方案中,选择_____,确定_____。

4. 成本核算是指对产品生产过程中实际发生的_____进行计算,并进行相应的_____,最终计算出_____。

5. 成本考核是指在_____的基础上,对成本计划的执行结果进行_____和_____,以便充分调动企业职工执行成本计划,努力降低产品成本的积极性。

6. 工业企业的生产费用按是否与生产工艺过程直接相关,分为_____和_____;按照能否直接计入某种产品成本,分为_____和_____。

三、单项选择题

1. 在成本会计各个环节中,( )是基础
   A. 成本预测　　　　B. 成本计划　　　　C. 成本核算　　　　D. 成本控制

2. 成本考核应在( )的基础上,定期地对成本计划的执行结果进行评价和考核。
   A. 成本预测　　　　B. 成本决策　　　　C. 成本核算　　　　D. 成本分析

3. 成本核算是指对产品生产过程中（　　）的生产费用进行计算,并进行相应的账务处理,最终计算出产品成本。

    A. 计划发生   B. 实际发生   C. 历史发生   D. 定额

4. （　　）是在生产过程中对成本计划的执行过程进行控制、调节,并对生产过程中发生的耗费进行核算,反映成本计划的执行结果。

    A. 成本会计   B. 事前成本会计   C. 事中成本会计   D. 事后成本会计

5. 本月虽未支付,但本月已受益的生产费用,应记作（　　）,同时计入本月的生产费用。

    A. 待摊费用   B. 长期待摊费用   C. 预提费用   D. 财务费用

6. 某企业生产多种产品,其"制造费用"项目中归集的其他费用,如机物料消耗、生产车间管理人员工资和厂房的折旧费等,按其与工艺过程中的关系,属于   （　　）

    A. 直接生产费用   B. 间接生产费用

    C. 直接计入费用   D. 间接计入费用

7. 将应计入固定资产、无形资产、对外投资的支出计入了生产费用,由于两者计入损益的期间不同,在工业企业的产品出售以后,将会产生的影响是   （　　）

    A. 虚减产品销售成本,减少企业利润   B. 虚增产品销售成本,增加企业利润

    C. 虚减产品销售成本,增加企业利润   D. 虚增产品销售成本,减少企业利润

8. 工业企业在进行工业产品的生产过程中发生的各种各样耗费的货币额表现,就是工业企业的

                                                         （　　）

    A. 生产费用   B. 制造费用   C. 产品成本   D. 销售费用

四、多项选择题

1. 下列环节属于事前成本会计的有   （　　）

    A. 成本预测   B. 成本决策   C. 成本计划   D. 成本控制

2. 下列各项中属于工业企业生产耗费的有   （　　）

    A. 原材料的耗费   B. 燃料、动力的耗费

    C. 固定资产的耗费   D. 劳动者工资的支出

3. 下列各项环节中属于事中成本会计的有   （　　）

    A. 成本计划   B. 成本控制   C. 成本核算   D. 成本分析

4. 下列各项中不计入产品成本的费用有   （　　）

    A. 对外投资支出   B. 产品销售费用

    C. 固定资产盘亏损失   D. 产品生产费用

5. 为了进行生产费用的审核、控制,正确计算产品成本,必须做好的基础工作有 （　　）

    A. 定额的制定和修订   B. 存货的计量、收发、领退和盘点

    C. 原始记录   D. 厂内计划价格的制定和修订

6. 为了正确计算产品成本,必须防止以下几个方面的错误做法   （　　）

    A. 乱计和少计成本   B. 人为调节产品成本

    C. 以盈补亏掩盖超支   D. 任意改变财产物资计价方法

7. 生产费用要素中的外购材料包括下列各项中的   （　　）

    A. 外购主要材料   B. 外购半成品   C. 外购辅助材料   D. 外购燃料

8. 下列各项中属于直接生产费用的有 （　　）

   A. 原料费用   B. 工艺用燃料费用

   C. 机物料消耗   D. 工艺用动力费用

五、判断题

1. 狭义的成本是指企业为了生产产品或达到其他特定目的而发生的各项耗费,又称产品生产成本。 （　　）

2. 为了简化成本核算工作,数额较小的应该待摊和预提的生产费用,可以不作为待摊、预提费用处理,全部计入支付月份的生产费用。 （　　）

3. 直接生产费用就是直接计入费用;间接生产费用就是间接计入费用。 （　　）

4. 由于非正常原因发生的停工损失不应计入产品生产成本,而作为营业外支出直接计入当期损益。 （　　）

5. 企业资产的计价和价值结转方法不会影响产品成本。 （　　）

6. "生产成本——辅助生产成本"账户的借方登记辅助生产所发生的各项费用;贷方登记完工入库产品的成本或分配转出的劳务费用;该账户的余额,就是辅助生产产品成本。 （　　）

7. 正确划分各种费用界限,应当贯彻受益原则。 （　　）

8. 生产工人的工资都是直接计入费用。 （　　）

六、简答题

1. 简述成本会计的环节。

2. 为了正确核算生产费用和计算产品实际成本,必须正确划分哪几个方面的费用界限?

七、计算与核算题

练习一

（一）目的:练习生产费用的确定

（二）资料:某生产车间12月份领用原材料40 000元,其中为自制机械设备耗用10 000元,为销售部门制作广告牌耗用8 000元,为生产产品耗用22 000元;工资及福利费24 000元,其中自制机械设备应负担2 000元,制造广告牌应负担2 000元,生产产品应负担20 000元;发生其他各项支出共计36 000元,其中自制机械设备应负担1 000元,制造广告牌应负担2 000元,生产产品应负担33 000元;总计100 000元(上述费用均属合理开支)。

（三）要求:确定生产费用的金额和不应计入生产费用的开支的处理方法及金额。

练习二

（一）目的：练习本月生产费用的确定

（二）资料：某企业12月份已经确定了应计入生产费用的开支为80 000元，其中其他各项费用中包括支付下年第一季度的机械设备租金6 000元；以前月份支付应由本月负担的机器设备租金1 000元。

（三）要求：计算该企业12月份的生产费用。

第二章

要素费用的归集与分配

第一节　材料费用的归集与分配

工业企业的生产是围绕着基本生产车间和辅助生产车间发生的要素费用的过程，包括材料费用、外购动力费用、工资费用、折旧费用等。

材料费用是指工业企业在生产产品过程中发生的材料物资消耗，是产品成本的主要费用构成之一，包括原料及主要材料、辅助材料、外购半成品、燃料、修理用备件、包装物、低值易耗品等。

一、材料费用的归集

（一）材料费用的构成

1. 原料及主要材料。指经过加工后能够构成产品主要实体的各种原料和材料，原料是指直接从自然界取得的劳动对象，如纺织企业纺纱耗用的原棉等。材料是指已被加工过的劳动对象，如纺织企业织布耗用的棉纱等。

2. 辅助材料。指直接用于生产，有助于产品形成或便于产品形成但不构成产品实体的各种材料。辅助材料在生产中发挥的作用不同，有的为劳动工具所消耗，如维护机器设备用的机油等；有的与主要材料相结合，是主要材料发生变化或给予产品某些性能，如漂白粉、染料等；有的为正常劳动创造条件，如清洁用的扫帚等。

3. 外购半成品。指为本企业产品配套而耗用的外购成品件，如汽车制造厂外购的轮胎等。

4. 燃料。指在生产过程中用于燃烧发热或为创造正常劳动条件使用的各种燃料，包括固体燃料、液体燃料和气体燃料，如煤、汽油、液化气等。

5. 修理用备件。指为修理本企业机器设备和运输设备等所专用的各种零件、备件和配件，如齿轮、轴承等。至于修理用的一般零件，则可并入辅助材料中。

6. 包装物。指为包装本企业产品，并准备随同产品一同出售，或在销售过程中借给或租给购货单位使用的各种包装物品，如箱、桶、瓶、坛、袋等。至于各种包装用的材料,如纸张、麻绳、铁丝、铁皮等,可归为辅助材料一类。用来储备和保管本企业的产品或材料,且不准备出售、外借或出租的物品,可按其价值大小和使用年限长短,分别列为固定资产和低值易耗品。

7. 低值易耗品。指不作为固定资产核算和管理的各种劳动资料,包括工具、管理用具、玻璃器皿等。

(二)材料的计价方式

材料收发结存的日常核算,可以按照材料的实际成本进行,也可以先按材料的计划成本进行。按计划成本计价核算的,月末应计算材料成本差异率,将发出材料的计划成本调整为实际成本。

1. 按实际成本计价。是指每一种材料的收入、发出和结存都按其在采购过程中所发生的实际成本进行计价。采用这一计价方法,可以比较准确地核算产品成本中材料费用和材料资金的实际占用额。但由于材料实际成本会经常发生变动,当材料的实际成本发生变动后,就必须相应地调整库存材料和发出材料的实际单位成本。这样,就会使材料的日常收发核算工作量增大,从而影响核算的及时性。而且,在这种计价方法下,看不出收入材料的实际成本与计划成本相比是节约还是超支,难以从账簿中反映材料采购业务的经营成果。因此,这种计价方法通常适用于材料品种较少、收料次数不多的企业。

2. 按计划成本计价。是指每一种材料的收入、发出和结存都按预先确定的计划成本计价。至于实际成本与计划成本之间的差额,则通过"材料成本差异"账户调节。这种计价方法便于考核各类材料采购业务的经营成果,分析材料成本超支或节约的原因,可以剔除材料价格变动对成本的影响,有利于分析车间材料消耗的节约或超支情况,考核车间的经营成果;可以简化和加速材料收发凭证的计价和材料明细分类账的登记工作。这种计价方法通常适用于材料实际成本变动较大、品种多、收发料频繁的企业。

(三)材料费用的原始凭证

为了有效地控制生产成本,节约材料费用,必须严格办理有关材料领用和退库手续,做好相关的原始记录。材料费用的原始记录一般包括领料单、限额领料单、领料登记表、退料单等。为了更好地控制材料的领发,应该尽量采用限额领料单,实行限额领料制度,即限额以内的材料根据限额领料单领用;超过限额的材料,应该另行填制领料单,并在单中说明理由,经过主管人员审批后才能领料。

生产车间领用的材料,领用数量并不等于实际消耗的数量,对于生产所余剩料,应该编制退料单,据以退回仓库。对于已领未用,下月继续使用的材料,则办理"假退料"手续。即同时填写本月退料单和下月领料单,并分别据以汇总入账,材料不退回仓库。

在企业生产经营活动中,各种材料的领发业务是经常、大量而频繁发生的。为了简化核算,期末应首先对材料发出凭证按品名、规格进行汇总,编制"发出材料汇总表",以便登记材料明细账;然后再按其用途编制"材料费用分配表",据以登记"原材料"等相关成本、费用账户,完成材料费用的归集、分配工作。

二、材料费用的分配

不论耗用外购材料还是自制材料,其费用的分配,都应根据审核、计价以后的领退料凭证,按照材料的具体用途进行;将其中直接用于产品生产的材料费用,计入各种产品成本有关的成本项目;将用于产品销售以及组织和管理生产经营活动的材料费用,计入销售费用和管理费用等有关费用项目;将用于建造固定资产的材料费用,计入在建工程支出等。

（一）原材料费用分配的核算

直接用于产品生产、构成产品实体的原料和主要材料,例如冶炼用矿石、纺织用原棉和机械制造用钢材等,专门设有"直接材料"成本项目。这些原料和主要材料一般分产品领用,其耗费属于直接计入费用,应根据领退料凭证直接计入某种产品成本的"直接材料"项目。原料和主要材料也有不能分产品领用,而是几种产品共同耗用的,例如化工生产中为几种产品共同耗用的原料。这些原料费用属于间接计入费用,应采用适当的分配方法,分配计入各有关产品成本的"直接材料"成本项目。由于原料和主要材料的耗用量一般与产品的重量、体积有关,因而原料和主要材料费用一般可以按产品的重量比例分配。例如各种铁铸件所用原料生铁,可以按照铁铸件的重量比例分配;又如各种木器所用主要材料木材,可以按照木器净用材料的体积比例分配。如果难以确定适当的分配标准,或者作为分配标准的资料不易取得,而原料和主要材料的消耗定额比较准确,原料和主要材料费用也可以按照材料定额消耗量或定额费用比例分配。

所谓消耗定额,是指单位产品可以消耗的数量限额;定额消耗量是指一定产量下按照消耗定额计算的可以消耗的数量限额。费用定额和定额费用,则是消耗定额和定额消耗量的货币表现。材料费用定额和材料定额费用,就是材料消耗定额和材料定额消耗量的货币表现;工资定额和定额工资,则是工时消耗定额(也称工时定额)和工时定额消耗量(也称定额工时)的货币表现。

分配原料和主要材料费用的方法,一般有以下两种。

1. 先分配材料数量,再计算材料费用。其计算公式如下:

某种产品材料定额消耗量＝该种产品实际产量×单位产品材料消耗定额

$$材料消耗量分配率＝\frac{材料实际总消耗量}{各种产品材料定额消耗量之和}$$

某种产品应分配的材料数量＝该种产品的材料定额消耗量×材料消耗量分配率

某种产品应分配的材料费用＝该种产品应分配的材料数量×材料单价

上述分配计算的程序是:先按材料定额消耗量分配计算各种产品的材料实际消耗

量,再乘以材料单价,计算该产品的实际材料费用。这样分配,可以考核材料消耗定额的执行情况,有利于进行材料消耗的实物管理,但分配计算的工作量较大。

2. 直接分配材料费用。其计算公式如下:

$$材料费用分配率 = \frac{材料费用总额}{各种产品材料定额消耗量之和}$$

某种产品应分配的材料费用 = 该种产品的材料定额消耗量 × 材料费用分配率

上述两种分配程序的计算结果相同,后一种分配程序能简化分配计算工作,但不能反映各种产品所应负担的材料消耗数量,不利于加强材料消耗的实物管理。

在各种产品共同耗用原材料的种类较多的情况下,为了进一步简化分配计算工作,也可以按照各种材料的定额费用的比例分配材料费用。其计算公式如下:

某种产品某种材料定额费用 = 该种产品实际产量 × 单位产品该种材料费用定额
= 该种产品实际产量 × 单位产品该种材料消耗定额 × 该种材料计划单价

$$材料费用分配率 = \frac{各种材料实际费用总额}{各种产品各种材料定额费用之和}$$

某种产品应分配的材料费用 = 该种产品各种材料定额费用之和 × 材料费用分配率

直接用于产品生产、有助于产品形成的辅助材料,如果是直接计入费用,应直接计入各种产品成本的"直接材料"成本项目。如果是间接计入费用,也应采用适当的分配方法,分配计入各有关产品成本的该项目。对于耗用在主要材料上的辅助材料,例如电镀材料、油漆等,可以按主要材料的耗用量比例或主要材料费用比例分配。对于与产品产量有联系的辅助材料,可以按产品产量比例分配。如果产品的辅助材料消耗定额比较准确,也可按辅助材料的定额消耗量或定额费用比例分配。

【例 2-1】 假定大正公司 2006 年 3 月份生产甲、乙两种产品,其直接用于产品生产的主要材料是直接计入费用,可以直接计入该两种产品成本的"直接材料"项目。直接用于产品生产的辅助材料,是间接计入费用,其耗用量与主要材料的耗用量密切相关,因而规定按直接计入的主要材料费用比例分配。其主要材料费用为:甲产品75 600元,乙产品41 700元;两种产品共同耗用的辅助材料费用为35 190元。分配计算如下:

$$辅助材料费用分配率 = \frac{35\ 190}{75\ 600 + 41\ 700} = 0.3$$

甲产品辅助材料费用 = 75 600 × 0.3 = 22 680(元)

乙产品辅助材料费用 = 41 700 × 0.3 = 12 510(元)

上述直接用于产品生产、专设成本项目的各种原材料费用,应记入"生产成本——基本生产成本"总账科目的借方及其所属各产品成本明细账"直接材料"成本项目。直接用于辅助生产、专设成本项目的各种材料费用,用于基本生产和辅助生产但没有专设成本项目的各种材料费用,用于产品销售以及用于组织和管理生产经营活动等方面的各种材料费用,应分别记入"生产成本——辅助生产成本"、"制造费用"、"销售费用"和"管理费用"等科目的借方。已发生的各种材料费用总额,应记入"原材料"科目的贷方。

在实际工作中,原材料费用的分配,应通过原材料费用分配表进行。现列示根据发料凭证和前列算式计算、编制的大正公司原材料费用分配表,如表 2-1 所示。

表 2-1　原材料费用分配表

大正公司　　　　　　　　　　　　　　2006 年 3 月　　　　　　　　　　单位:元

应 借 科 目		成本或费用项目	直接计入	分配计入	原材料费用合计
生产成本——基本生产成本	甲产品	直接材料	75 600	22 680	98 280
	乙产品	直接材料	41 700	12 510	54 210
	小　计		117 300	35 190	152 490
生产成本——辅助生产成本	机修费用	机物料消耗	1 410		1 410
	运输车间	机物料消耗	1 100		1 100
	小　计		2 510		2 510
制造费用	基本生产车间	机物料消耗	2 360		2 360
合　计			122 170	35 190	157 360

在所列原材料费用分配表中,直接计入的费用,应根据发料凭证按照材料用途归类填列;分配计入的费用,应根据用于产品生产的发料凭证和前列分配算式分配填列。从这里可以看出,所谓"费用分配"有广义和狭义两种含义。广义的费用分配就是费用划分,也就是前面所述五个方面费用界限的划分,其中包括不需要采用一定的分配方法的划分,例如将上列直接计入费用直接计入某种产品的成本;狭义的费用分配则指需要采用一定的分配方法的划分,例如将上列分配计入费用按直接计入的材料费用的比例分配计入各种产品的成本。所谓各种要素费用的分配和上列原材料费用分配表的分配,都是指广义的费用分配;表中分配计入的分配则为狭义的费用分配。

根据上列原材料费用分配表,编制下列会计分录:

(1)借:生产成本——基本生产成本　　　　　　152 490

　　　　生产成本——辅助生产成本　　　　　　　2 510

　　　　制造费用——基本生产车间　　　　　　　2 360

　　　贷:原材料　　　　　　　　　　　　　　　157 360

(二)燃料费用分配的核算

燃料实际也是材料,因而燃料费用分配的程序和方法与上述原材料费用分配的程序和方法相同。但在燃料费用比重较大,与动力费用一起专门设立"燃料及动力"成本项目的情况下,应该增设"燃料"科目,并将燃料费用单独进行分配。

直接用于产品生产的燃料,如果分产品领用,应根据领料凭证直接计入各该产品成本的"燃料及动力"项目;如果不能分产品领用,应采用适当的分配方法,分配计入各有关产品成本的这一成本项目。分配的标准一般有产品的重量、体积、所耗原材料的数量或费用,以及燃料的定额消耗量或定额费用等。

【例 2-2】 假定大正公司所耗燃料和动力较多,为了加强对能源消耗的核算和控制,在材料核算的会计科目中增设"燃料"科目,在成本项目中增设"燃料及动力"项目。该厂 20××年 3 月直接用于甲、乙两种产品生产的燃料费用共为 6 259 元,按燃料的定额费用比例分配。根据耗用燃料的产品数量和单位产品的燃料费用定额算出的燃料定额费用(两者的乘积)为:甲产品 3 210 元,乙产品 2 480 元。燃料费用应分配如下:

$$燃料费用分配率 = \frac{6\ 259}{3\ 210 + 2\ 480} = 1.1$$

甲产品燃料费用 $= 3\ 210 \times 1.1 = 3\ 531(元)$

乙产品燃料费用 $= 2\ 480 \times 1.1 = 2\ 728(元)$

上述直接用于产品生产,专设成本项目的燃料费用,应单独地记入"生产成本——基本生产成本"总账科目和所属有关产品成本明细账的借方(在明细账中记入"燃料及动力"成本项目)。直接用于辅助生产,专设成本项目的燃料费用,用于基本生产和辅助生产但没有专设成本项目的燃料费用,用于产品销售以及用于组织和管理生产经营活动的燃料费等,则应分别记入"生产成本——辅助生产成本"、"制造费用"、"销售费用"和"管理费用"等总账科目和所属明细账的借方。已领用的燃料总额,应记入"燃料"科目的贷方。

根据大正公司燃料的发料凭证和上列分配费用的算式,编制燃料费用分配表,如表 2-2。

表 2-2　燃料费用分配表

大正公司　　　　　　　　　　　　　　20××年 3 月　　　　　　　　　　　　　单位:元

应借科目		成本或费用项目	直接计入	分配计入		燃料费用合计
				定额燃料费用	分配金额	
生产成本——基本生产成本	甲产品	燃料及动力		3 210	3 531	3 531
	乙产品	燃料及动力		2 480	2 728	2 728
	小　计			5 690	6 259	6 259
生产成本——辅助生产成本	运输车间	燃料及动力	3 850			3 850
合　计			3 850	×	6 259	10 109

根据上列燃料费用分配表,编制会计分录如下:

（2）借：生产成本——基本生产成本   6 259
   生产成本——辅助生产成本   3 850
    贷：燃料   10 109

第二节　外购动力费用的归集与分配

一、外购动力费用的归集

外购动力包括外购电力、蒸汽等动力，在付款时，按理应按外购动力的用途直接借记各有关的成本科目和"应交税金——应交增值税（进项税额）"科目，贷记"银行存款"科目。但在实际工作中一般通过"应付账款"科目核算，即在付款时先作为暂付款处理，借记"应付账款"和"应交税金——应交增值税（进项税额）"科目，贷记"银行存款"科目；月末按照外购动力的用途分配费用时，再借记各有关的成本科目，贷记"应付账款"科目，冲销原来记入"应付账款"科目借方的暂付款。需要这样核算的原因是：外购动力费用一般不是在每月末支付，而是在每月下旬的某日支付。如果支付时就直接借记各有关的成本科目，贷记"银行存款"科目，由于该日支付的动力费用并不完全是当月动力费用，而是上月付款日到本月付款日这一期间的动力费用，不能正确反映当月应负担的动力费用。为了正确地计算当月动力费用，不仅要计算、扣除上月付款日到上月末的已付动力费用，而且还要分配、补记当月付款日到当月末的应付未付动力费用，核算工作量太大。按照上述方法，通过"应付账款"科目核算，可以免去这些核算工作，每个月只需要在月末分配、登记一次动力费用，从而大大简化了核算工作。按照上述方法核算，"应付账款"科目借方所记本月所付动力费用与贷方所记本月应付的动力费用，往往不相等，从而出现月末余额。一般来说，"应付账款——应付外购动力费"科目月末的余额为贷方余额，表示本月末应付未付的动力费用。

如果每月支付动力费用的日期基本固定，而且每月付款日到月末的应付动力费用相差不多，在这种情况下，也可以不通过"应付账款"科目核算，而将每月支付的动力费用作为应付的动力费用，在付款时直接借记各有关的成本科目，贷记"银行存款"科目，每月分配、登记一次动力费用。因为在这种情况下，各月付款日到月末的应付动力费用基本上可以互相抵消，不影响各月动力费用核算的正确性。

自制动力应由辅助生产车间进行，其费用支出和分配的核算，将在讲述辅助生产费用核算时讲述。

二、外购动力费用的分配

外购动力费用按用途进行分配，应分为计入产品成本的外购动力费用和不计入产品成本的外购动力费用分配。

不计入产品成本的外购动力费用,如为企业行政管理部门耗用,应记入"管理费用"总账科目和所属明细账的借方;如为销售部门耗用,应记入"销售费用"总账科目和所属明细账的借方;如为在建工程耗用,应记入"在建工程"总账科目和所属明细账的借方;同时,贷记"应付账款"等科目。

计入产品成本的外购动力费用,有些直接用于产品生产,如生产工艺用电力;有些间接用于产品生产,如生产车间照明用电。这些外购动力费用的分配,在有仪表记录的情况下,应根据仪表所示耗用动力的数量以及动力的单价计算;在没有仪表记录的情况下,可按生产工时的比例,机器功率时数(机器功率×机器时数)的比例,或定额消耗量的比例分配。各车间的动力用电和照明用电一般都分别装有电表,因此,外购电力费用在各车间的动力用电和照明用电之间,一般按用电度数分配;车间中的动力用电,一般不能按产品分别安装电表,因而车间动力用电费在各种产品之间一般按产品的生产工时比例、机器工时比例、定额耗电量比例或其他比例分配。

为了加强对能源的核算和控制,生产工艺用动力一般与生产工艺用燃料合设一个成本项目。因此直接用于产品生产的动力费用应该单独地计入产品成本的"燃料及动力"成本项目。如果按产品分别装有动力耗用量的记录仪表,应该根据仪表所示各种产品的耗用数量和外购动力的单价,直接计入各种产品成本的这一项目;如果没有按产品安装这种仪表,应按上述适当的分配方法,单独地分配计入各该产品成本的这一成本项目。

【例2-3】 大正公司的动力用电和照明用电分别安装电表,共耗电36 100度,计5 415元。因此,在编制外购动力费用分配表时,应先按电费总额和用电度数,分配计算动力电费和各车间、部门的照明用电费;后在甲、乙两种产品之间,按照一定算式分配计算该两种产品的动力费用。动力费用应记入"燃料及动力"成本项目;照明电费应记入有关费用的"水电费"费用项目。大正公司外购动力费用分配计算如表2-3所示。

表2-3　外购动力(电力)费用分配表

大正公司　　　　　　　　　　　　　　　20××年3月　　　　　　　　　　　单位:元

应借科目		成本或费用项目	动力费用分配		电费分配	
			生产工时	分配金额(分配率:0.12)	用电度量	分配金额(分配率:0.15)
生产成本——基本生产成本	甲产品	燃料及动力	20 600	2 472	×	×
	乙产品	燃料及动力	10 150	1 218	×	×
	小　计		30 750	3 690	24 600	3 690
生产成本——辅助生产成本	修理车间	燃料及动力			9 600	1 440
	运输车间	燃料及动力			700	105
	小　计				10 300	1 545
制造费用	基本车间	水电费			1 200	180
合　计			×	×	36 100	5 415

$$电费分配率 = \frac{5\ 415}{36\ 100} = 0.15$$

产品应分配的动力费用 $= 24\ 600 \times 0.15 = 3\ 690(元)$

修理车间应分配的动力费用 $= 9\ 600 \times 0.15 = 1\ 440(元)$

运输车间应分配的动力费用 $= 700 \times 0.15 = 105(元)$

基本生产车间应分配电费 $= 1\ 200 \times 0.15 = 180(元)$

根据上述计算,大正公司生产工艺用电力费用共为 3 690 元,未按产品安装电表,规定按产品的生产工时比例在甲、乙两种产品之间进行分配。其生产工时为:甲产品 20 600 小时,乙产品 10 150 小时。该项电力费用分配计算如下:

$$电力费用分配率 = \frac{3\ 690}{20\ 600 + 10\ 150} = 0.12$$

甲产品应分配电力费用 $= 20\ 600 \times 0.12 = 2\ 472(元)$

乙产品应分配电力费用 $= 10\ 150 \times 0.12 = 1\ 218(元)$

上述直接用于产品生产、设有"燃料及动力"成本项目的外购动力费用,应单独地记入"生产成本——基本生产成本"总账科目和所属有关产品成本明细账的借方(在明细账中记入"燃料及动力"成本项目);直接用于辅助生产、设有"燃料及动力"成本项目的外购动力费用,应记入"生产成本——辅助生产成本"总账科目和所属明细账的借方;间接用于基本生产和辅助生产的外购动力费用(例如生产车间照明用电费),应记入"制造费用"总账科目和所属明细账的借方;同时,贷记"应付账款"或"银行存款"科目。

大正公司外购电费通过"应付账款"科目核算。根据上列外购动力电费分配表,应编制的会计分录为:

(3)借:生产成本——基本生产成本   3 690

   生产成本——辅助生产成本   1 545

   制造费用——基本生产车间   180

   贷:应付账款   5 415

第三节　工资费用的归集与分配

一、工资费用的归集

企业采用不同的工资结算制度计算出应付给职工的工资总额后,需要按其用途和发生地点进行汇总。企业应付给各生产工人的工资额,分别按所生产的产品进行归类汇总。企业应付给管理人员的工资额,按车间、部门进行归集。

在实际工作中,企业对工资费用的汇总一般都使用工资结算凭证,工资结算凭证分为工资结算单和工资结算汇总表两种。工资结算单是工资结算的原始凭证,由车间或财会部门根据工资原始记录按月分车间、部门编制,用以反映企业与每一职工的工资结算情况。它也是企业工资费用汇总的原始凭证。工资结算汇总表是为了反映整个企业工资的结算情况,由财会部门根据工资结算单分车间、部门汇总编制的并据以进行工资结算的总分类核算和汇总企业工资费用的凭证,它也是企业进行工资费用分配的依据。

二、工资费用的分配

财会部门应该根据算出的职工工资,按照车间、部门分别编制工资结算单,单中按照职工类别和姓名分行填列应付每一职工的各种工资、代发款项(例如代发应付福利费)、代扣款项(例如代扣职工房租)和应发金额,作为与职工进行工资结算的依据。单中应付工资的金额也是计算工资费用的依据。

工资费用按用途进行分配,应分为计入产品成本的工资费用和不计入产品成本的工资费用。不计入产品成本的工资费用,应分别记入"管理费用"、"销售费用"、"应付职工薪酬——福利费"和"在建工程"等总账科目和所属明细账的借方,贷记"应付职工薪酬"科目。

计入产品成本的工资费用中,直接进行产品生产的生产工人工资设有"直接人工"成本项目。其中计件工资属于直接计入费用,应根据工资结算单直接计入某种产品成本的这一成本项目;计时工资属于间接计入费用,应按产品的生产工时比例,分配计入各有关产品成本的这一成本项目;奖金、津贴和补贴,以及特殊情况下支付的工资等,一般属于间接计入费用,应按直接计入的工资费用比例或生产工时的比例,分配计入各种有关产品成本的这一成本项目。

按产品的生产工时比例分配生产工人工资费用,能够将产品所分配的工资费用与劳动生产率联系起来。某种产品如果单位产品耗用的生产工时减少,说明劳动生产率提高,其所分配的工资费用就应减少。相反,如果单位产品耗用的生产工时增加,说明劳动生产率降低,其分配的工资费用就应增加。因此,工资费用一般应按产品的生产工时比例分配。

如果取得各种产品的实际生产工时数据比较困难,而各种产品的单位工时定额比较准确,也可以按产品的定额工时(产品数量与工时定额的乘积)比例分配工资费用。

【例2-4】 假定大正公司甲、乙两种产品的生产工人工资中,可以直接计入的工资费用分别为32 400元和14 800元,需要间接分配计入的工资费用共为12 300元,规定按产品的生产工时(见表3-4)比例分配。计算如下:

$$间接计入工资费用分配率 = \frac{12\ 300}{20\ 600 + 10\ 150} = 0.4$$

甲产品应分配工资费用 $= 20\ 600 \times 0.4 = 8\ 240(元)$

乙产品应分配工资费用 = 10 150×0.4 = 4 060(元)

上述直接进行产品生产、设有"直接人工"成本项目的生产工人工资,应单独地记入"生产成本——基本生产成本"总账科目和所属产品成本明细账的借方(在明细账中记入"直接人工"成本项目);直接进行辅助生产、设有"直接人工"成本项目的生产工人工资,应记入"生产成本——辅助生产成本"总账科目和所属明细账的借方,基本生产车间和辅助生产车间管理人员的工资,应记入"制造费用"总账科目和所属明细账的借方;同时,贷记"应付职工薪酬"科目。

分配工资费用,应该根据工资结算单等有关凭证和上述分配计算方法,编制工资费用分配表。现列示大正公司工资费用分配表,见表2-4。

表2-4 工资费用分配表

大正公司 20××年3月 单位:元

应借科目		成本或费用项目	直接计入	分配计入		工资费用合计
				生产工时	分配金额(分配率:0.4)	
生产成本——基本生产成本	甲产品	直接人工	32 400	20 600	8 240	40 640
	乙产品	直接人工	14 800	10 150	4 060	18 860
	小 计		47 200	30 750	12 300	59 500
生产成本——辅助生产成本	修理车间	直接人工	37 300			37 300
	运输车间	直接人工	16 100			16 100
	小 计		53 400			53 400
制造费	基本生产车间	工资及福利费	15 800			15 800
合 计			116 400		12 300	128 700

根据上列工资费用分配表,应编制的会计分录为:

(4)借:生产成本——基本生产成本　　　　　59 500

　　　生产成本——辅助生产成本　　　　　53 400

　　　制造费用——基本生产车间　　　　　15 800

　　贷:应付职工薪酬——工资　　　　　　　　128 700

工业企业除了按照按劳分配原则支付每一职工工资以外,还应按照国家规定对职工进行福利补助。

职工福利费按用途进行分配,就分为计入产品成本的职工福利费和不计入产品成本的职工福利费。不计入产品成本的职工福利费,应分别记入"管理费用"、"销售费用"和"在建工程"等总账科目和所属明细账的借方;同时,贷记"应付职工薪酬"科目。

计入产品成本的职工福利费,应按计入产品成本的工资费用用途进行分配。产品的生产工人职工福利费,设有"直接人工"成本项目,应该单独地记入"生产成本——基本生产成本"总账科目和所属产品成本明细账的借方(在明细账中记入"直接人工"项目);辅助生产车间工人的福利费,应记入"生产成本——辅助生产成本"总账科目和所属属明细账的借方;基本生产车间和辅助生产车间管理人员的职工福利费,应记入"制造费用"总账科目和所属明细账的借方;同时,贷记"应付职工薪酬"科目。

现列示大正公司的职工福利费费用分配表,如表2-5所示。

表2-5　职工福利费分配表

大正公司　　　　　　　　　　　　　20××年3月　　　　　　　　　　　　单位:元

应借科目		成本或费用项目	职工福利费
生产成本——基本生产成本	甲产品	直接人工	5 690
	乙产品	直接人工	2 640
	小　计		8 330
生产成本——辅助生产成本	修理车间	直接人工	5 222
	运输车间	直接人工	2 254
	小　计		7 476
制造费用	基本生产车间	工资及福利费	2 212
合　计			18 018

根据上列职工福利费分配表,应编制的会计分录为:

(5)借:生产成本——基本生产成本　　　　　　　　8 330
　　　生产成本——辅助生产成本　　　　　　　　7 476
　　　制造费用——基本生产车间　　　　　　　　2 212
　　　贷:应付职工薪酬——福利费　　　　　　　　　18 018

职工福利费主要用于职工的医药费(包括企业参加职工医疗保险所交纳的医疗保险费)、医疗经费、职工因公负伤赴外地就医路费、职工生活困难补助,以及职工医务部门、职工浴池、理发室、幼儿园、托儿所等生活福利部门职工的工资等。

第四节　其他要素费用的归集与分配

一、折旧费用的归集与分配

企业的固定资产在长期使用过程中,其价值会随着资产的损耗而逐渐减少。固定资产由于损耗而减少的价值就是固定资产的折旧。固定资产的折旧应该作为折旧费用计入产品成本或期间费用。

一种产品的生产往往需要使用多种机器设备,而每一种机器设备又可能生产多种产品。因此,机器设备的折旧费用虽然是直接用于产品生产的费用,但一般属于分配工作比较复杂的间接计入费用,为了简化产品成本的计算工作,没有专设成本项目,而与车间其他间接用于产品生产的固定资产(例如车间厂房)的折旧费用一起计入制造费用,作为制造费用的"折旧费"项目反映。也就是说,折旧费用一般应按使用固定资产的车间计提,记入"制造费用"总账科目和所属明细账借方(在明细账中记入"折旧费"费用项目),同时,贷记"累计折旧"科目。

【例2-5】 假定大正公司采用使用年限法计提固定资产折旧。现列示其折旧费用分配表,如表2-6所示。

表 2-6 折旧费用分配表

大正公司 　　　　　　　　　　　　　　20××年3月 　　　　　　　　　　　　单位:元

应借科目	车间	2月固定资产折旧额	2月增加固定资产折旧费	2月减少固定资产折旧额	本月固定资产折旧额
生产成本——辅助生产成本	修理车间	1 210	150	80	1 280
	运输车间	930	120		1 050
	小　计	2 140	270	80	2 330
制造费用	基本生产车间	2 970	660	240	3 390
合　计		5 110	930	320	5 720

由于当月增加的固定资产不提折旧,当月减少的固定资产照提折旧,因而3月份折旧额可以在2月份折旧额的基础上,加上2月份增加固定资产的折旧额,减去2月份减少固定资产的折旧额计算。

根据上列折旧费用分配表,应编制的会计分录为:

(6)借:生产成本 ——辅助生产成本　　　　　　　　　　2 330

　　　制造费用 ——基本生产车间　　　　　　　　　　　3 390

　　　贷:累计折旧　　　　　　　　　　　　　　　　　　　　　5 720

二、其他费用的归集与分配

工业企业各种要素费用中的其他费用,是指除了前面所述各项要素费用以外的费用,包括邮电费、租赁费、印刷费、办公用品费、试验检验费、排污费、差旅费、误餐补助费、交通费补贴、保险费、职工技术培训费等。这些费用都没有专设成本项目,应该在费用发生时,按照发生的车间进行分配。应由本月生产费用负担的支出,一般应记入"制造费用"总账科目和所属明细账的借方;同时,贷记"银行存款"或"现金"等科目。

【例2-6】 假定大正公司的其他费用都通过银行支付。为了简化举例,将其3月份的这些费用汇总列表,如表2-7所示。

根据上列汇总资料,应编制下列会计分录:

(7)借:生产成本——辅助生产成本　　　　　　　　　1 147.60

　　　制造费用　　　　　　　　　　　　　　　　　　　2 139.80

　　　贷:银行存款　　　　　　　　　　　　　　　　　　　3 287.40

表 2-7　其他费用汇总表

大正公司　　　　　　　　　　　　　20××年 3 月　　　　　　　　　　单位:元

应借科目			金　额
总账科目	明细科目	成本或费用项目	
生产成本——辅助生产成本	修理车间	办公费	243
		水电费	110
		其　他	359
		小　计	712
	运输车间	办公费	123
		水电费	191
		其　他	121.6
		小　计	435.6
	合　　　计		1 147.6
制造费用	基本生产车间	办公费	581
		水电费	657
		其　他	901.8
		小　计	2 139.8
合　　　计			3 287.4

　　工业企业的各种要素费用通过以上所述的分配,计入产品成本的生产费用已经按照费用的用途分别记入"生产成本——基本生产成本"、"生产成本——辅助生产成本"、"制造费用"等科目的借方,其中记入"生产成本——基本生产成本"科目借方的费用,已经分别记入各有关产品成本明细账的"直接材料"、"燃料及动力"和"直接人工"成本项目;不计入产品成本的各项支出,已经记入"管理费用"、"销售费用"和"在建工程"等科目的借方。这就是说,在工业企业成本核算中,已经划分了生产经营管理费用与非经营管理费用,以及生产经营管理费用中生产费用与经营管理费用的划分,亦即进行了前述第一、二两方面费用界限的划分工作。

练 习 题

一、名词解释

1. 消耗定额

2. 定额消耗量

3. 辅助材料

4. 包装物

二、填空题

1. 基本生产车间的直接用于产品生产,但没有专门设立成本项目的费用,以及间接用于产品生产的费用,应先计入_____总账科目;月末,再转入总账科目。

2. 基本生产车间发生的直接用于产品生产、专门设有成本项目的费用,应单独记入_____总账科目。

3. 生产所剩余料,应该编制退料单,据以退回仓库。对于车间已领未用、下月需要继续耗用的原材料,为了避免本月末交库,下月初又领用的手续,可以采用_____办法。

4. 在原材料按计划成本进行日常核算的情况下,其实际成本与计划成本的差异应设置_____总账科目。

三、单项选择题

1. "材料费用定额"是指 （　　）

    A. 材料消耗定额   B. 材料定额消耗量

    C. 材料消耗定额的货币表现   D. 材料定额消耗量的货币表现

2. 基本生产车间领用的直接用于产品生产或有助于产品形成的辅助材料应借记的账户为

（　　）

    A. 生产成本——辅助生产成本   B. 制造费用

    C. 生产成本——基本生产成本   D. 原材料

3. 企业生产产品成本中的"直接人工"项目不包括 （　　）

    A. 直接参加生产的工人的计时工资   B. 按生产工人工资计提的福利费

    C. 直接参加生产的工人的计件工资   D. 企业行政管理人员工资

4. 基本生产车间计提的固定资产折旧费,应借记（　　）账户

    A. 生产成本   B. 管理费用   C. 制造费用   D. 待摊费用

5. 根据权责发生制原则,企业支付外购动力费时,一般应借记的账户 （　　）

    A. 应付账款   B. 生产成本   C. 制造费用   D. 预付账款

四、多项选择题

1. "假退料"的具体做法是 （　　）

    A. 材料实物不动

    B. 材料退回仓库,但不编制退料单

    C. 填制一份本月份的退料单,表示该项余料已经退库

    D. 编制一份下月份的领料单,表示该项余料又作为下月份的领料出库

2. 职工福利费主要用于（　　）等。

    A. 弥补亏损   B. 职工生活困难补助

    C. 企业参加职工医疗保险所交纳的医疗保险费

    D. 职工因公负伤赴外地就医的路费

3. 下列关于计提折旧的说法中,正确的是 （　　）

    A. 当月增加的固定资产,从当月起计提折旧

    B. 当月增加的固定资产,从下月起计提折旧

    C. 当月减少的固定资产,从当月起停止计提折旧

D. 当月减少的固定资产,从下月起停止计提折旧

4. 直接人工费用的分配方法有 （　　）

    A. 生产工时分配法   B. 系数分配法

    C. 直接分配法   D. 产品定额工时比例分配法

5. 工业企业各种要素费用中的其他费用包括 （　　）

    A. 邮电费   B. 保险费   C. 印刷费   D. 差旅费

五、判断题

1. 原材料是指直接用于产品生产或有助于产品形成,但不构成产品实体的各种材料。 （　　）

2. 为了更好地控制材料的领发,应尽量采用限额领料单,实行限额领料制度。 （　　）

3. 用于基本生产车间管理用的原材料费用,应记入制造费用账户的借方。 （　　）

4. 为了正确核算成本费用,企业的外动力费用一定要通过"应付账款"账户核算。 （　　）

5. 直接用于产品生产的燃料,如果不能分产品领用,应采取适当方法分配计入各有关产品成本的"燃料及动力"成本项目,未单设的,则计入"直接材料"项目。 （　　）

六、计算与核算题

练习一

(一)目的:练习采用定额消耗量比例分配材料费用

(二)资料:某企业基本生产车间生产 A、B 两种产品,共同耗用甲材料 13 500 公斤,每公斤单价为 2.16 元。生产 A 产品 1 800 件,单件 A 产品甲材料消耗定额为 4.5 公斤;生产 B 产品 1 200 件,单件 B 产品甲材料消耗定额为 2.25 公斤。

(三)要求:根据上述资料采用定额消耗量比例法计算 A、B 两种产品应分配的材料费用。

练习二

(一)目的:练习外购动力费的分配

(二)资料:某企业通过银行支付外购动力费 24 000 元,月末查明基本生产车间生产用电 30 000 度,照明用电 5 000 度;辅助生产车间用电 8 900 度,其中修理车间 6 000 度,运输车间 2 900 度。该月应付外购动力费共计 26 340 元。

(三)要求:1. 按所耗电度数分配电力费用:甲、乙产品按生产工时分配电费,其中:甲产品生产工时为 36 000 小时,乙产品生产工时为 24 000 小时。

2. 编制该月支付外购电费的会计分录。

3. 编制该月分配外购电费的会计分录。该企业基本生产科目和辅助生产科目未设"燃料及动力"成本项目。

练习三

(一)目的:练习工资费用的分配

(二)资料:某企业 3 月份有关工资、福利费及工时发生情况如下:

1. 基本生产车间工人工资 60 000 元,职工福利费 6 000 元;按产品实耗工时比例分配。其中甲

产品实用工时 12 000 工时,乙产品实用工时 8 000 工时。

2.基本生产车间管理人员工资 2 000 元;职工福利费 200 元。

3、辅助生产机修车间人员工资 19 000 元;职工福利费 1 900 元。

4.厂部行政管理人员工资 17 600 元;职工福利费 1 760 元。

(三)要求:根据以上资料编制工资及福利费分配表并作出会计分录。

工资及福利费分配表

大正公司 　　　　　　　　　　20××年3月 　　　　　　　　　单位:元

应 借 科 目		直接计入	分配计入		工资费用合计	职工福利费
			生产工时	分配金额		
基本生产车间工人工资	甲产品					
	乙产品					
小　计						
制造费用——基本生产车间						
基本生产——辅助生产(机修)						
管 理 费 用						
合　计						

第三章

综合费用的归集与分配

第一节　待摊费用和预提费用的归集与分配

一、待摊费用的归集与分配

（一）待摊费用的支出与摊销

工业企业生产车间发出的待摊费用，是指本月发生、但应由本月和以后各月产品成本共同负担的费用。这种费用发生以后，出于受益期较长，不应一次全部计入当月生产费用，而应按照其受益期限分月摊销计入各月生产费用。

生产车间的待摊费用主要包括低值易耗品摊销、预付保险费和预付固定资产租金等。

待摊费用的摊销期限最长为一年，摊销期限需要超过一年的费用，应该作为长期待摊费用核算；受益期限虽然超过一个月，如果费用数额不大，例如预付零星报刊订阅费，为了简化核算工作，也可以不作为待摊费用处理，而直接计入支付月份的生产费用。

为了正确划分各个月份的费用界限，防止多计或少计某些月份的生产费用，待摊费用的项目应在企业会计制度中规定；分摊的期限和方法（例如按月份平均分摊还是按各月产量分摊）应在费用发生时确定，不应任意多摊、少摊或不摊。

待摊费用的受益和摊销期限，有的可以明确确定，例如预付保险费和预付固定资产租金等，其受益、摊销期限可以根据预付期限确定；有的则不能明确确定，例如领用低值易耗品的受益、摊销期限不易确定，因为其使用期限不易预计，这就需要成本会计人员会同生产、技术人员，根据具体情况加以测定。

（二）待摊费用的核算

待摊费用支出和摊销的核算是通过"待摊费用"总账科目进行的。支出待摊费用时，应借记"待摊费用"科目，贷记"银行存款"和"低值易耗品"等科目；分月摊销时，应按待摊费用的用途分别借记各有关的生产费用科目，贷记"待摊费用"科目。该科目借方余额表示已经发生、尚未摊销的费用。该科目应按费用的种类进行明细核算,分别反映各种待摊费用的发生和摊销情况。

【例3-1】 假定大正公司3月份预付第二季度生产车间保险费8 100元。其中,基本生产车间5 100元,修理车间2 100元,运输车间900元。应分3个月摊销,每月摊销2 700元。

3月份开出支票支付保险费时,编制会计分录如下:

(1)借:待摊费用   8 100

       贷:银行存款   8 100

大正公司待摊费用明细账如下(见表3-1)。

表3-1   待摊费用明细账   待摊费用种类:预付保险费

大正公司   20××年3月   单位:元

月	日	摘　要	借方	贷方	余额借或贷	余额金额
3	1	支付第2季度保险费:基本生产车间5 100元,修理车间2 100元,运输车间900元	8100		借	8 100
3	31	3月份摊销		2 700	借	5 400

在上列待摊费用明细账中,每月摊销额均应根据待摊费用分配表登记。

由于摊销的费用一般没有专设成本项目,因而生产车间摊销费用时,一般应当按应摊销费用的车间进行分配,记入"制造费用"总账科目和所属明细账的借方(在明细账中记入相应的费用项目,例如摊销预付保险费,记入"保险费"项目)。待摊费用的摊销额,应记入"待摊费用"总账科目和所属明细账的贷方。

【例3-2】 大正公司3月份预付的保险费每月应摊销为:基本生产车间1 700元(即5 100÷3),修理车间700元(即2 100÷3),运输车间300元(即900÷3),则该厂3月份待摊费用的分配如表3-2所示。

表3-2   待摊费用分配表

大正公司   20××年3月   单位:元

应借科目		生产费用项目	应贷金额
生产成本——辅助生产成本	修理车间	保险费	700
	运输车间	保险费	300
制造费用	基本生产车间	保险费	1 700
合　计			2 700

根据上列待摊费用分配表,编制会计分录如下:

(2)借:生产成本——辅助生产成本

           ——修理车间   700

           ——运输车间   300

制造费用——基本生产车间　　　　　　　1 700
　　贷:待摊费用　　　　　　　　　　　　　　　2 700

二、预提费用的归集与分配

（一）预提费用的预提和支付

工业企业生产车间的预提费用,是指预先分月计入各月生产费用,但在以后才实际支付的费用,是应付而未付的费用,因而是一种负债。预提费用主要包括预提借款利息和固定资产租金等。受益期限虽然超过一个月,但是如果费用不大,也可以不作为预提费用处理,而直接计入支付月份的费用。

为了正确地划分各个月份的费用,防止多计或少计某些月份的生产费用,预提费用的项目和预提的标准应在企业会计制度中规定,不应任意多提、少提或不提。如果某种预提费用总额到预提期末可能与实际费用总额发生较大的差额时,应及时调整预提的标准。预提费用应在规定的预提期末进行结算,预提费用总额与实际费用总额的差异,应调整计入预提期末月份的生产费用。也就是说,预提期最后一个月应提的费用金额,应根据预提期内实际费用总额减去已预提费用总额计算出来。

（二）预提费用核算

预提费用的预提和支付,是通过"预提费用"总账科目进行的。由于预提的各种费用都没有专设成本项目,因而生产车间预提费用时,应记入"制造费用"总账科目和所属明细账的借方(在明细账中记入相应的费用项目,例如预提租赁费,记入"租赁费"项目);同时,记入"预提费用"科目的贷方。实际支付时,应记入"预提费用"科目的借方;同时,记入"银行存款"等科目的贷方。"预提费用"科目的贷方余额表示已经预提但尚未支付的费用。

如果预提期内实际发生的费用大于已预提的费用,该科目会出现借方余额,属于已经支付但尚未计入生产费用的支出,应作为待摊费用,在预提期末以前分月摊销。该科目应按预提费用的种类进行明细核算,分别反映各种预提费用的预提和支付情况。由于"预提费用"科目既可能有贷方余额,也可能有借方余额,因而属于资产和负债双重性质的科目。

已经预提的费用在支付时,不应再计入当月的生产费用,而应冲减预提费用。企业实际支付已经预提的费用,一种是在预提期末发生支付,另一种是在预提期内发生支付。

1. 预提期末支付费用

如果在预提期末实际支付费用,一般有两种核算方法。第一种方法是将支付已经预提的费用与预提费用期末差额调整的核算结合起来,即根据已经预提的数额借记"预提费用"科目,根据尚未预提的数额借记"制造费用"科目,根据实际支付的费用数额贷记"银行存款"等科目。第二种方法是先进行支付预提费用的核算,即根据实行支付的数额借记"预提费用"科目，贷记"银行存款"等科目，再进行预提费用期末差额的调整，即根据实际支付费用总额大于预提期内已预提费用总额的差额借记"制造费用"科目，贷记"预提费用"科目(如实际支付费用总额小于预提期内已预提费用总额，应冲销其差额，用红字编制上述分录)。

【例3-3】 假设大正公司的基本生产车间1月份因生产需要，采用经营租赁方式租入一台机器设备。租赁协议规定，租期为3个月，租赁费依据机器设备的磨损情况具体确定，但月租赁费不少于350元，于租赁期满退还机器设备时支付。

(1)1月份和2月份按最低数额预提租赁费时，编制会计分录如下：

借：制造费用　　　　　　　　　　　　　　　　　　350

　　贷：预提费用　　　　　　　　　　　　　　　　　　　　350

3月末"预提费用"科目的贷方余额为700元。

(2)3月末退还机器设备，以银行存款实际支付租赁费1 120元。

采用第一种方法时，编制会计分录如下：

借：预提费用　　　　　　　　　　　　　　　　　　700

　　制造费用　　　　　　　　　　　　　　　　　　420

　　贷：银行存款　　　　　　　　　　　　　　　　　　1 120

该企业预提费用明细账(采用第一种方法核算)如表3-3所示。

表3-3　预提费用明细账　　　　预提费用种类：固定资产租赁费

车间：基本生产车间　　　　　　20××年3月　　　　　　　单位：元

月	日	摘　要	借方发生额	贷方发生额	借或贷	金额
1	31	预提固定资产租赁费		350	贷	350
2	28	预提固定资产租赁费		350	贷	700
3	31	实际支付租赁费	700		平	0

采用第一种方法，虽然能够简化会计凭证的编制工作，但是预提费用明细账中不能全面反映各项费用的预提和实际支付总额。

采用第二种方法时，编制会计分录如下：

(3)借：预提费用　　　　　　　　　　　　　　　　1 120

　　贷：银行存款　　　　　　　　　　　　　　　　　　1 120

此时"预提费用"科目出现借方余额为420元。

期末调整预提费用差额时，编制会计分录如下：

(4)借：制造费用　　　　　　　　　　　　　　　　420

　　贷：预提费用　　　　　　　　　　　　　　　　　　420

该企业预提费用明细账(采用第二种方法核算)见表3-4。

表 3-4　预提费用明细账　　预提费用种类:固定资产租赁费

车间:基本生产车间　　　　　　　　　20××年3月　　　　　　　　单位:元

月	日	摘　要	借方发生额	贷方发生额	借或贷	金额
1	31	预提固定资产租赁费		350	贷	350
2	28	预提固定资产租赁费		350	贷	700
3	31	实际支付租赁费	1 120		借	420
3	31	期末预提租赁费差额		420	平	0

采用第二种方法,虽然增加了编制会计凭证和登记账簿的工作量,但是能够全面反映费用预提和实际支付的情况。

2. 预提期内支付费用

企业实际支付费用的时间如果不是在预提期末,而是在预提期内的某一时点,一般只进行支付预提费用的核算,借记"预提费用"科目,贷记"银行存款"等科目;预提期末,再按照前述第二种方法,调整预提费用的期末差额。在这种情况下,由于预提的费用数额是估算的,而支付的费用数额是实际的,估算的数额与实际数额可能会有差额,累计估算预提的费用数额大于累计实际支付的费用数额时,"预提费用"科目为贷方余额;累计估算预提的费用数额小于累计实际支付的费用数额时,"预提费用"科目为借方余额。该贷方余额或借方余额,在资产负债表上应分别列示为负债方的"预提费用"项目或资产方的"待摊费用"项目。

通过上述待摊费用和预提费用的核算,已经按照权责发生制原则和受益原则,正确划分了各个月份的生产费用,也就是划分了前述第三方面的费用界限。与此同时,已将本月的生产费用分别归集在"生产成本——基本生产成本"、"生产成本——辅助生产成本"和"制造费用"等科目的借方。其中记入"生产成本——基本生产成本"科目借方的费用,已在各产品成本明细账中作为本月生产费用,按照成本项目进行归集。

第二节　辅助生产费用归集的核算

一、辅助生产费用的归集

工业企业的辅助生产,是指为基本生产和管理部门服务而进行的产品生产和劳务供应。其中有的只生产一种产品或提供一种劳务,如供电、供水、机修、运输等辅助生产;有的则生产多种产品或提供多种劳务,如从事工具、模具、修理用备件的制造,以及机器设备的修理等辅助生产。辅助生产提供的产品和劳务,有时也对外销售,但这不是辅助生产的主要任务。

辅助生产产品和劳务所耗费的各种生产费用之和,构成这些产品和劳务的成本。

但是,对于耗用这些产品或劳务的基本生产产品和各车间来说,这些辅助生产产品和劳务的成本又是一种费用,即辅助生产费用。

辅助生产产品和劳务成本的高低,对于基本生产产品成本的水平有着很大的影响;同时,只有辅助生产产品和劳务成本确定以后,才能计算基本生产的产品成本。因此,正确、及时地组织辅助生产费用的归集和分配,对于节约费用、降低成本,以及正确及时地计算企业的产品成本都有重要的意义。

辅助生产费用的归集和分配,是通过"生产成本——辅助生产成本"总账科目进行核算的。该科目同"生产成本——基本生产成本"科目一样,一般应按车间以及产品和劳务设立明细账,账中按照成本项目设立专栏或专行,进行明细账核算。辅助生产车间的间接费用则是通过"制造费用"科目进行核算。

因此,辅助生产车间发生的各项费用中,直接用于辅助生产,并专设成本项目(例如"直接材料"、"直接人工"、"燃料及动力"项目)的直接计入费用,应单独地直接记入"生产成本——辅助生产成本"科目和所属有关明细账的借方;直接用于辅助生产,并专设成本项目的间接计入费用,应单独地分配记入"生产成本——辅助生产成本"科目和所属有关明细账的借方;辅助生产车间发生的直接用于辅助生产,但没有专设成本项目的费用(例如辅助生产车间机器设备折旧费等),以及间接用于辅助生产的费用(例如辅助生产车间管理人员工资及福利费、机物料消耗、修理费和运输费等),一般先记入"制造费用"总账科目和所属辅助生产车间制造费用明细账的借方进行归集,然后期末再从其贷方直接转入或分配转入"生产成本——辅助生产成本"总账科目和所属明细账的借方。

如果辅助生产车间规模较小、产品或劳务的种类单一、制造费用数额较少,以及辅助生产产品不对外销售、不需要按照规定的成本项目计算其产品或劳务成本的情况下,可以采用简化的辅助生产费用归集方法,即制造费用直接记入"辅助生产成本"科目,不通过"制造费用"科目核算。

提供单品种或劳务的车间明细账格式如表3-5所示。提供多品种或劳务的车间明细账格式如表3-6所示。

表3-5 辅助生产成本明细账

车间名称:　　　　　　　　　　　20××年3月　　　　　　　　　　　单位:元

年		凭证		摘要	直接材料	直接人工	其他直接费用	制　造　费　用									合计
月	日	种类	号码					折旧费	设计费	办公费	水电费	运输费	保险费	消耗材料	其他			

| 表 3-6 | 辅助生产成本明细账 | | | | | | 产品或劳务别: | |

表 3-6 辅助生产成本明细账　　　　　　　　产品或劳务别：

车间名称：　　　　　　　　　　　　　20××年 3 月　　　　　　　　　　　单位：元

年		凭　证		摘　要	直接材料	直接人工	制造费用	合　计
月	日	种类	号码					

二、辅助生产费用的分配

辅助生产车间提供的产品和劳务,主要是为基本生产车间使用和服务的。但在某些辅助生产车间之间,也有相互提供产品和劳务的情况。例如供水车间为供电车间供水,供电车间又为供水车间供电。这样,为了计算水的成本,必须计算电的成本;为了计算电的成本又要计算水的成本。因此,为了正确计算辅助生产产品和劳务的成本,并且将辅助生产费用正确地计入基本生产产品成本,在分配辅助生产费用时,除按其受益对象向基本生产、管理部门分配外,还应运用一定的方法在各辅助生产车间之间进行费用分配。

"生产成本——辅助生产成本"总账科目和所属明细账借方归集的辅助生产费用,由于辅助生产车间所产产品和劳务种类不同,其转出分配的核算也不一样。

工具和模具车间生产的工具、模具和修理用备件等产品成本,应在产品完工入库时,从"生产成本——辅助生产成本"科目及其明细账的贷方转出,其中工具和模具属于低值易耗品,其成本应转入"低值易耗品"科目的借方;修理用备件属于原材料,其成本应转入"原材料"科目的借方。

动力、修理和运输等车间生产和提供的电、汽、水、修理和运输等产品和劳务所发生的费用,要在各受益单位之间按照所耗数量或其他标准进行分配,分配时,应划分计入产品成本的生产费用和不计入产品成本的其他支出费用的界限,其中由企业行政管理部门、销售部门以及在建工程负担的费用,应分别记入"管理费用"、"销售费用"和"在建工程"等科目的借方;由生产车间负担的费用,应按其具体用途分别记入"生产成本——基本生产成本"、"生产成本——辅助生产成本"(其他辅助生产车间负担的费用)和"制造费用"等科目的借方;并按分配转出的数额,记入"生产成本——辅助生产成本"科目贷方。

辅助生产费用的分配方法很多,主要有直接分配法、顺序分配法、交互分配法、计划成本分配法和代数分配法等。

（一）直接分配法

直接分配法,是指将辅助生产车间发生的费用,直接分配给辅助生产车间以外的各受益对象,而不考虑各辅助生产车间之间相互提供劳务或产品的费用分配的一种方法。计算分配步骤是:先确定实际发生的辅助生产费用和对外提供的劳务量(或产品数量),计算单位成本;然后,按向辅助生产车间以外的受益对象提供的劳务量(或产品

数量)进行费用分配。其计算公式如下:

$$\text{某辅助生产劳务或产品} \atop \text{单位成本(费用分配率)} = \frac{\text{该辅助生产车间待分配费用总额}}{\text{该辅助生产车间提供劳务或产品总量－其他辅助生产车间耗用量}}$$

某受益对象分配额 ＝ 该受益对象耗用劳务量×辅助生产劳务或产品单位成本（费用分配率）

【例3-4】 设大正公司有供汽、修理两个辅助生产车间。3月份各车间直接发生的费用分别为39 500元和23 400元。"劳务供应通知单"提供劳务量如表3-7所示。采用直接分配法进行辅助生产费用的分配。

表 3-7　劳务供应通知单

20××年3月

受益单位	供汽车间(吨)	修理车间(工时)
辅助生产——供汽		40
——修理	600	
基本生产车间	5 000	1 800
管理部门	2 300	500
合　计	7 900	2 340

根据以上资料,以直接分配法分配辅助生产费用见表3-8所示。

$$\text{供汽车间分配率} = \frac{39\ 500}{5\ 000 + 2\ 300} = 5.411\ \text{元/吨}$$

$$\text{修理车间分配率} = \frac{23\ 400}{1\ 800 + 500} = 10.174\ \text{元/工时}$$

表 3-8　辅助生产费用分配表

（直接分配法）

大正公司　　　　　　　　　　20××年3月　　　　　　　　　　单位:元

辅助生产车间名称			供　汽	修　理	金额合计
待分配费用			39 500	23 400	62 900
对辅助生产以外的供应数量			7 300(吨)	2 300(工时)	
费用分配率(单位成本)			5.411	10.174	
应借"制造费用"科目	基本生产车间耗用	数量	5 000	1 800	
		金额	27 055	18 313	45 368
应借"管理费用"科目	行政管理部门耗用	数量	2 300	500	
		金额	12 445	5 087	17 532
分配费用合计			39 500	23 400	62 900

上列辅助生产费用分配表中,供应劳务的数量不包括辅助生产内部和相互供应劳务的数量。

根据上列辅助生产费用分配表,编制的会计分录如下:

借:制造费用——基本生产车间　　　　　　　45 368

　　管理费用　　　　　　　　　　　　　　17 532

　　贷:生产成本——辅助生产成本——供汽　　39 500

　　　　　　　　　　　　　　——修理　　23 400

　　直接分配法的优点是:各辅助生产车间的待分配费用只对辅助生产车间以外的单位分配一次,计算工作简便。缺点是:由于各辅助生产车间所包括的费用不完整,例如上述供水车间费用中未包括所耗的电费,供电车间的费用中未包括所耗的水费,因而分配结果不够准确。这种方法一般只适合在辅助生产内部相互提供劳务不多,不进行费用的交互分配,对辅助生产成本和基本生产成本影响不大的情况下采用。

　　(二)顺序分配法

　　顺序分配法又叫阶梯分配法,是将各辅助车间按受益和提供服务的多少排序,然后依次将费用成本分配给受益的其他部门和排序在后的辅助车间的分配方法。这种方法在一定程度上考虑了辅助车间之间的费用分配问题,比直接分配法计算合理。但由于只考虑向排序在后的辅助车间分配费用,计算仍不够准确。

　　对各辅助车间的排序,按两个原则进行:

　　1.受益少提供服务多的辅助车间排在前,受益多而提供服务少的辅助车间排在后;

　　2.受益的大小,以价值标准衡量,不以辅助产品或劳务数量衡量。

　　顺序分配的计算公式如下:

$$某辅助车间费用分配率 = \frac{该辅助车间待分配费用总额}{对外提供产品或劳务总量 + 排序在前的辅助车间受益量}$$

$$某受益单位应负担的辅助生产费用 = 该受益单位受益量 \times 辅助生产费用分配率$$

【例3-5】　仍按例3-4资料,采用顺序分配法分配辅助生产费用。显然,供汽车间排在前,修理工车间排在后。

第一顺序:先分配供汽车间费用

$$供汽车间分配率 = \frac{39\,500}{7\,900} = 5(元/吨)$$

修理车间应负担供汽费 = 600 × 5 = 3 000(元)

基本车间应负担供汽费 = 5 000 × 5 = 25 000(元)

管理部门应负担供汽费 = 2 300 × 5 = 11 500(元)

借:生产成本——辅助生产成本——修理　　　3 000

　　制造费用——基本生产车间　　　　　　　25 000

　　管理费用　　　　　　　　　　　　　　　11 500

贷:生产成本——辅助生产成本——供汽　　　　　39 500

第二顺序:后分配供水车间费用

修理车间待分配费用 ＝ 23 400＋3 000＝26 400(元)

修理车间分配率 ＝ $\dfrac{26\ 400}{1\ 800+500}$ ＝11.4783(元/工时)

基本车间应负担修理费 ＝ 1 800×11.4783 ＝ 20 661(元)

管理部门应负担修理费 ＝ 500×11.4783 ＝ 5 739(元)

借:制造费用——基本生产车间　　　　　20 661

　　管理费用　　　　　　　　　　　　　5 739

　　贷:生产成本——辅助生产成本——修理　　　　　26 400

(三)交互分配法

采用这种方法分配辅助生产费用,应先根据各辅助生产内部相互供应的数量和交互分配前的费用分配率(单位成本),进行一次交互分配;然后再将各辅助生产车间交互分配后的实际费用(即交互分配前的费用加上交互分配转入的费用,减去交互分配转出的费用)按对辅助生产车间以外提供劳务的数量,在辅助生产以外的各受益单位之间进行分配。其计算步骤如下:

第一步,交互分配计算公式如下:

$$\dfrac{某辅助生产}{费用交互分配率} ＝ \dfrac{该辅助生产待分配费用总额}{该辅助生产提供产品及劳务总量}$$

$$\dfrac{各辅助车间应分}{摊辅助生产费用} ＝ \dfrac{各辅助车}{间受益量} × \dfrac{某种辅助生产}{费用交互分配率}$$

第二步,直接分配计算公式如下:

$$\dfrac{某种辅助生产}{费用直接分配率} ＝ \dfrac{该辅助生产待分配费用总额}{非辅助车间受益总量}$$

$$\dfrac{某受益单位应负担}{的辅助生产费用} ＝ \dfrac{该受益单}{位受益量} × \dfrac{某辅助生产费}{用直接分配率}$$

【例3-6】　仍以例3-4提供资料,采用一次交互分配法计算甲产品、基本生产车间和管理部门应分配的辅助生产费用额。

第一次分配(交互分配):

供汽车间分配率 ＝ $\dfrac{39\ 500}{7\ 900}$ ＝5(元/吨)

修理车间分配率 ＝ $\dfrac{23\ 400}{2\ 340}$ ＝10(元/工时)

(1)供汽车间向修理车间转移费用:

　　600×5 ＝ 3 000(元)

借:生产成本——辅助生产成本——修理　　　　　3 000

贷:生产成本——辅助生产成本——供汽 　　　　　　3 000

(2)修理车间向供汽车间转移费用:

　　40×10＝400(元)

借:生产成本——辅助生产成本——供汽 　　　　　　400

　　贷:生产成本——辅助生产成本——修理 　　　　　　400

第二次分配(直接对外分配):

供汽车间待分配费用:39 500＋400－3 000＝36 900(元)

修理车间待分配费用:23 400＋3 000－400＝26 000(元)

$$供汽车间分配率＝\frac{36\ 900}{5\ 000＋2\ 300}＝5.0548(元/吨)$$

$$修理车间分配率＝\frac{26\ 000}{1\ 800＋500}＝11.3043(元/工时)$$

基本车间分配费用＝5 000×5.0548＋1 800×11.3043＝45 622(元)

管理部门分配费用＝2 300×5.0548＋500×11.3043＝17 278(元)

编制会计分录如下:

借:制造费用——基本生产车间 　　　　　　45 622

　　管理费用 　　　　　　17 278

　　贷:生产成本——辅助生产成本——供汽 　　　　　　36 900

　　　　生产成本——辅助生产成本——修理 　　　　　　26 000

仍以上列资料为例,编制交互分配法的辅助生产费用分配表如表3-9所示。

表3-9　辅助生产费用分配表

大正公司　　　　　　　　　　　　　　　　　　　(交互分配法)

20××年3月　　　　　　　　　　　　　　　　　　　单位:元

项　目			交　互　分　配			对　外　分　配		
辅助生产车间名称			供汽	修理	合计	供汽	修理	合计
待分配费用			39 500	23 400	62 900	36 900	26 000	62 900
供应劳务总量			7 900	2 340		7 300	2 300	
费用分配率(单位成本)			5	10		5.0548	11.3043	
应借"辅助生产"科目	供汽车间耗用	数量		40				
		金额		400	400			
	修理车间耗用	数量	600					
		金额	3 000		3 000			
应借"制造费用"科目	基本生产车间耗用	数量				5 000	1 800	
		金额				25 274	20 348	45 622
应借"管理费用"科目	行政管理部门耗用	数量				2 300	500	
		金额				11 626	5 652	17 278
分配金额合计			3 000	400	3 400	36 900	26 000	62 900

交互分配法的优点是:由于辅助生产内部相互提供的劳务全部进行了交互分配,因而提高了分配结果的准确性。缺点是:由于各种辅助生产费用都要计算两个费用分配率,进行两次分配,因而计算工作大大增加;由于交互分配的费用分配率(单位成本)是根据交互分配以前的待分配费用计算的,不是各辅助生产的实际单位成本,因而分配结果也不很准确。在各月辅助生产的费用水平相差不大的情况下,为了简化计算工作,也可用上月的辅助生产单位成本作为本月交互分配的费用分配率。

(四)计划成本分配法

计划成本分配法,是指辅助生产车间提供的劳务或产品,按照计划单位成本计算分配费用的方法。采用这种方法分配辅助生产费用需要分两步进行:

第一步,根据各受益对象(包括辅助生产车间)接受劳务或产品的数量和计划单位成本,计算分配各受益对象应负担的数额。

第二步:将各辅助生产车间实际发生的费用(直接发生费用加上按计划成本分配转入数)与各该车间按计划成本分配转出费用数额的差额,进行调整分配。调整分配一般有两种处理方法:一是差异按辅助生产车间以外各受益对象的受益比例进行追加分配;二是将差异全部分配转入管理费用。为简化分配工作,本例因数额较少将辅助生产成本的差异全部调整计入管理费用,不再分配给各受益单位。

【例 3-7】 仍以例 3-4 提供的资料,假定供汽计划成本 5.05 元/吨,修理计划成本 11.10 元/工时,按计划成本分配法,计算分配甲产品、基本生产车间和管理部门应负责的辅助生产费用。编制辅助生产费用分配表如表 3-10 所示。

表 3-10 辅助生产费用分配表
(计划成本分配法)

大正公司　　　　　　　　　　　20××年3月　　　　　　　　　　　单位:元

项　　目			供汽车间		修理车间		金额合计
			数量(吨)	金　额	数量(工时)	金　额	
待分配费用				39 500		23 400	
劳务供应总量			7 900		2 340		
计划单位成本				5.05		11.10	
各受益对象受益量及分配金额	辅助生产	供汽车间			40	444	444
		修理车间	600	3 030			3 030
	基本生产车间耗用		5 000	25 250	1 800	19 980	45 230
	厂　　部		2 300	11 615	500	5 550	17 165
按计划成本分配合计			39 895		25 974		65 869
辅助生产实际成本			39 944		26 430		66 374
辅助生产成本差异			49		456		505

注:供汽车间实际成本:39 500 + 444 = 39 944(元)

修理车间实际成本:23 400 + 3 030 = 26 430(元)

根据"辅助生产费用分配表"(表 3-10)编制费用分配的会计分录,并据以登记入账:

(1)按计划成本分配时:

借:生产成本——辅助生产成本——供汽　　　　　　444

　　　　　　——辅助生产成本——修理　　　　　3 030

　　制造费用——基本生产车间　　　　　　　　45 230

　　管理费用　　　　　　　　　　　　　　　　17 165

　　贷:生产成本——辅助生产成本——供汽　　　　　39 895

　　　　　　——辅助生产成本——修理　　　　　25 974

(2)将实际发生费用与按计划成本分配的差异计入管理费用

借:管理费用　　　　　　　　　　　　　　　　505

　　贷:生产成本——辅助生产成本——供汽　　　　　49

　　　　　　　　　　　　　　　　　修理　　　　456

采用计划成本分配法,可以根据统计的劳务或产品数量,按各车间的计划单位成本,直接确定各受益对象应分配的辅助生产费用,简化和加速辅助生产费用的分配工作;同时,通过实际与计划比较,反映辅助生产成本的节约或超支情况,有利于将费用分配与成本费用的考核与控制结合起来。但这种方法要求企业必须具备比较正确的计划成本资料,否则将难以保证费用分配的正确性。所以,这种方法适用计划成本资料比较完整正确的企业。

(五)代数分配法

代数分配法,是指运用代数中多元一次联立方程的原理,求解计算出各辅助生产车间提供劳务或产品的单位成本,然后按照各受益对象接受劳务或产品的数量分配辅助生产费用的一种方法。采用这种分配方法,首先,将辅助生产产品或劳务的单位成本设作未知数,并根据辅助生产车间之间交互服务关系建立方程组;其次,解方程组,求出各产品或劳务的单位成本;最后,用各产品或劳务的单位成本乘以受益部门的耗用产品或劳务的数量,求出各受益部门应分配的辅助生产费用。

【例 3-8】　仍以例 3-4 提供的资料,采用代数分配法分配辅助生产费用如下:

设供汽车间每吨汽的成本为 X 元,修理工车间每工时的成本为 Y 元,根据两个辅助车间交互服务关系建立方程组如下:

$$\begin{cases} 39\ 500 + 40Y = 79\ 000X & (1) \\ 23\ 400 + 600X = 2\ 340Y & (2) \end{cases}$$

将(2)式移项得:

$$600X = 2\ 340Y - 23\ 400$$

$$X = 2\ 340Y/600 - 23\ 400/600 = 3.9Y - 39 \qquad (3)$$

将(3)式代入(1)得:

$$39\,500 + 40Y = 7\,900 \times (3.9Y - 39)$$

$$40Y - 30\,810Y = -39\,500 - 308\,100$$

$$Y = (39\,500 + 308\,100)/30\,770 = 11.29672$$

将 $Y = 11.29672$ 代入(3)得:

$$X = 3.9Y - 39 + 3.9 \times 11.29672 - 39 = 5.05721$$

根据计算所得的单位成本和各受益部门耗用劳务数量,可编制"辅助生产费用分配表"(图表 3-11),在全部受益部门(包括其他辅助生产车间)之间分配生产费用。

表 3-11　辅助生产费用分配表

(代数分配法)

大正公司　　　　　　　　　20××年3月　　　　　　　　　单位:元

项　目		供汽车间		修理车间		金额合计
		数量(吨)	金额	数量(工时)	金额	
待分配费用			39 500		23 400	62 900
劳务供应总量		7 900		2 340		
单位成本			5.05721		11.29672	
各受益对象受益量及分配金额	辅助生产 供汽车间			40	452	452
	辅助生产 修理车间	600	3 034			3 034
	基本生产车间耗用	5 000	25 286	1 800	20 334	45 620
	厂　部	2 300	11 632	500	5 648	17 280
合　计			39 952		26 434	66 386

辅助生产实际成本:供汽车间:39 500 + 452 = 39 952(元)

修理车间:23 400 + 3 034 = 26 434(元)

合　计　　　　　66 386(元)

根据表 3-11,编制会计分录如下:

借:生产成本——辅助生产成本——供汽　　　　452

　　　　　　　　　　　　　　　——修理　　　3 034

制造费用——基本生产车间　　　　　　　45 620

管理费用　　　　　　　　　　　　　　　17 280

　贷:生产成本——辅助生产成本——供汽　　　39 952

　　　　　　　　　　　　　　　——修理　　　26 434

代数分配法运用联立方程计算分配费用,充分考虑了辅助生产车间之间相互提供劳务或产品的费用分配问题。所以,其分配计算结果是准确的,可以用来检验其他分配方法的准确程度。但这种方法计算比较繁琐,特别是在辅助生产车间较多的情况下,解多元联立方程组的工作量会非常大。因此,这种方法适用于辅助生产车间不多的企业或已实行会计电算化的企业。

第三节 制造费用的归集与分配

一、制造费用的归集

(一)制造费用核算的范围

制造费用是指工业企业为生产产品(或提供劳务)而发生、应该计入产品成本,但没有专设成本项目的各项生产费用。

制造费用大部分是间接用于产品生产的费用,例如机物料消耗、辅助工人工资及福利费、车间生产用房屋及建筑物的折旧费、设计费、租赁费和保险费、车间生产用的照明费、取暖费、运输费、劳动保护费、季节性停工和生产用固定资产修理期间停工的损失等。车间用于组织和管理生产的费用,虽然具有管理费用的性质,但由于车间是从事生产活动的单位,它的管理费用与制造费用很难严格划分,为了简化核算工作,也将其作为间接用于产品生产的费用进行核算。这些费用有:车间管理人员工资及福利费,车间管理用房屋和设备的折旧费、设计费、租赁费和保险费、车间管理用具摊销费,车间管理用的照明费、水费、取暖费、差旅费和办公费等。

制造费用还包括直接用于产品生产,但管理上不要求或者核算上不便于单独核算,因而没有专设成本项目的费用,如机器设备的折旧费,生产工具摊销费、设计制图费和试验检验费等。生产工艺用动力如果没有专设成本项目,也包括在制造费用中。

如果企业的组织结构分为车间、分厂和总厂等若干层次,则分厂也与车间相似,也是企业的生产单位,因而分厂用于组织和管理生产的费用,也可以作为间接用于产品生产的费用进行核算。

制造费用由于大多与产品的生产工艺没有直接联系,因而在车间生产多种产品的情况下,属于间接计入费用,应按照车间和费用项目,以年、季、月为单位编制制造费用计划加以控制,并通过"制造费用"科目进行归集,反映和监督制造费用计划的执行情况,最终将制造费用正确、及时地分配记入各有关产品的成本。

(二)制造费用的项目

制造费用的内容比较复杂,为了减少费用项目,简化核算工作,制造费用的费用项目不按直接用于产品生产和间接用于产品生产划分,而将这些方面相同性质的费用合并设立相应的费用项目。例如将这些方面固定资产的折旧费合并设立一个"折旧费"项目,将生产工具和管理用具的摊销合并设立"低值易耗品摊销"项目等。因此,制造费用的费用项目一般应该包括:机物料消耗、工资及福利费、折旧费、设计费、租赁费、保险费、低值易耗品摊销费、水电费、取暖费、运输费、劳动保护费、设计制图费、试验检验费、差旅费、办公费、在产品盘亏、毁损和报废(减盘盈)以及季节性及修理期间停工损失等。

工业企业可以根据费用比重大小和管理要求,对上列某些费用项目进行合并或进一步细分,也可以另行设立制造费用项目。但是,为了使各期产品成本资料可比,制造费用项目一经确定,不应任意变更。

（三）制造费用的核算

制造费用归集和分配应该通过"制造费用"科目进行。该科目应按不同的车间设立明细账,明细账中按照费用项目设立专栏,分别反映各车间各项制造费用的发生情况和制造费用的分配转出情况。

基本生产车间发生的费用中,直接用于产品生产、并专设成本项目的费用(例如直接用于产品生产的直接材料费用),应借记"生产成本——基本生产成本"总账科目,并记入所属有关产品成本明细的这一成本项目(例如"直接材料"成本项目);直接用于产品生产、但没有专设成本项目的费用,以及间接用于产品生产的费用(例如间接用于产品生产的机物料费用),应根据有关凭证和费用分配表记入"制造费用"总账科目的借方和平行记入制造费用明细账相应的费用项目(例如"机物料消耗"费用项目)。并根据具体情况分别记入"原材料"、"应付工资"、"应付福利费"、"累计折旧"、"待摊费用"、"预提费用"、"银行存款"等账的贷方。

假定根据各种凭证和费用分配表等归集登记的"制造费用"明细账一般格式如表3-12所示。

表 3-12　制造费用明细账

大正公司　　　　　　　　××基本生产车间　20××年3月　　　　　　单位:元

月	日	摘要	工资及福利费	折旧费	机物料消耗	办公费	水电费	运输费	保险费	供汽费	其他	合计	转出	余额
3	31	银行存款付款凭证				1 270	213				620	2 103		
	31	原材料费用			32 150							32 150		
	31	外购动力费用					1 256					1 256		
	31	工资费用	3 150									3 150		
	31	职工福利费	441									441		
	31	折旧费用		4 430								4 430		
	31	摊销保险费							1 700			1 700		
	31	分配辅助生产费用						16 400		34 000		50 400		
	31	待分配费用	3 591	4 430	32 150	1 270	1 469	16 400	1 700	34 000	620	95 630		95 630
	31	分配转出											95 630	0
	31	本月费用合计	3 591	4 430	32 150	1 270	1 469	16 400	1 700	34 000	620	95 630	95 630	0

二、制造费用的分配

在基本生产车间只生产一种产品的情况下,制造费用属于直接计入费用,可以直接计入该种产品的成本。在基本生产车间生产多种产品的情况下,制造费用属于间接计入费用,应采用适当的分配方法分配转入各种产品的成本。

在企业的组织结构分为车间、分厂和总厂若干层次的情况下,分厂发生的制造费用,也应比照车间发生的制造费用进行分配:在生产一种产品的情况下,直接计入该种产品的成本;在生产多种产品的情况下,采用适当的分配法分配转入该分厂各种产品的成本。

制造费用的绝大部分是由企业的生产单位(车间或分厂)发生的,应如上所述按照不同的车间或分厂进行归集和分配。制造费用也可能有一部分是由企业的行政管理部门(厂部或总厂)发生的,例如设计制图费和试验检验费等。这一部分费用与产品生产有一定的联系,属于间接用于产品生产的费用,即属于制造费用,应由厂部或总厂进行归集,并在全厂或整个总厂的各种产品之间进行分配,计入各种产品的成本。

分配制造费用的方法很多,通常采用的方法有:生产工人工时比例法、生产工人工资比例法、机器工时比例法和年度计划分配率分配法等。

(一)生产工人工时比例法

这是按照各种产品所用生产工人实际工时的比例分配费用的方法。按照生产工时比例分配制造费用,同分配工资费用一样,也能将劳动生产率与产品负担的费用水平联系起来,使分配结果比较合理。由于生产工时是分配间接计入费用常用的分配标准之一,因而必须正确组织产品生产工时的统计。做好生产工时的记录和统计工作,不仅是计算产品成本的一项重要的基础工作,而且对于分析和考核劳动生产率水平、加强生产管理和劳动管理也有着重要意义。

【例 3-9】 大正公司所产甲、乙两种产品的制造费用按生产工人工时比例分配。根据前列该厂基本生产车间制造费用明细账所记的待分配费用和前列生产工时资料(甲产品 7 660 工时,乙产品 5 440 工时),应分配计算如下:

制造费用分配率＝95 630÷(7 660＋5 440)＝7.3

甲产品应分配制造费用 ＝ 7 660×7.3 ＝ 55 918(元)

乙产品应分配制造费用 ＝ 5 440×7.3 ＝ 39 712(元)

根据上列计算结果,编制制造费用分配表,如表 3-13 所示。

表 3-13　制造费用分配表

大正公司　基本生产车间　　　　　　　　20××年3月　　　　　　　　单位:元

应借科目		生产工时	分配金额(分配率:7.3)
生产成本——基本生产成本	甲产品	7 660	55 918
	乙产品	5 440	39 712
合　　计		13 100	95 630

根据上列制造费用分配表,编制会计分录如下:

(13)借:生产成本——基本生产成本——甲产品　　55 918

　　　　　　　　　　　　　　——乙产品　　39 712

　　　贷:制造费用——基本生产车间　　　　　　　　95 630

如果产品的工时定额比较准确,制造费用也可以按生产工人定额工时的比例分配。

（二）生产工人工资比例法

这是按照计入各种产品成本的生产工人实际工资的比例分配制造费用的方法。由于工资费用分配表中有着现成的生产工人工资的资料,因而采用这一分配方法,核算工作很简便。但是采用这一方法要求各种产品生产的机械化程度相差不多,否则由于机械化程度高的产品工资费用少,负担的制造费用也少,而制造费用中包括不少与机械使用有关的费用,例如机器设备的折旧费、修理费、租赁费和保险费等,产品生产的机械化程度高,本来应该多负担这些费用,如果出现少负担这些费用的情况,这样必会影响费用分配的合理性。

如果生产工人工资是按照生产工时比例分配记入各种产品成本的,那么,按照生产工人工资比例分配制造费用,实际上也就是按照生产工人工时比例分配制造费用。

（三）机器工时比例法

这是按照生产各种产品所用机器设备运转时间的比例分配制造费用的方法。这一方法适用于产品生产的机械化程度较高的车间。因为在这种车间的制造费用中,与机器设备使用有关的费用比重比较大,而这一部分费用与机器设备运转的时间有着密切的联系。所以车间必须具备各种产品所用机器工时的原始记录。

由于制造费用包括各种性质和用途的费用,为了提高分析结果的合理性,在增加核算工作量不多的情况下,也可以将制造费用加以分类。例如分为与机器设备使用有关的费用和由于管理、组织生产而发生的费用两类,分别采用适当的分配方法进行分配;前者可按机器工时比例分配,后者可按生产工时比例分配。

（四）年度计划分配率分配法

这是按照年度开始前确定的全年度适用的计划分配率分配制造费用的方法。假定以定额工时作为分配标准,其分配计算的公式为:

$$年度计划分配率 = \frac{年度制造费用计划总额}{年度各种产品计划产量的定额工时总数}$$

$$某月某种产品应负担的制造费用 = 该月该种产品实际产量的定额工时数 \times 年度计划分配率$$

这一分配方法要以定额工时为分配标准,即分配率计算公式的分母要按定额工时计算,这是因为各种产品的产量不能直接相加。

采用这种分配方法,不管各月实际发生的制造费用多少,每月各种产品中的制造费用都按年度计划分配率进行分配。但在年度内如果发现全年的制造费用实际数和产量实际数与计划数可能发生较大的差额时,应及时调整计划分配率。

【例3-10】 假定某工业企业按年度计划分配率分配制造费用,某车间全年计划制造费用为418 000元;全年各种产品的计划产量和工时定额为:甲产品2 000件,6.4小时;乙产品1 500件,5.4小时。其定额工时和制造费用年度计划分配率应为:

甲产品全年计划产量的定额工时 = 2 000×6.4 = 12 800(小时)

乙产品全年计划产量的定额工时 = 1 500×5.4 = 8 100(小时)

制造费用年度计划分配率 = 418 000÷(12 800 + 8 100) = 20(元/小时)

假定该车间3月份的实际产量为:甲产品200件,乙产品100件。其实际完成的定额工时应为:

甲产品当月实际产量的定额工时 = 200×6.4 = 1 280(小时)

乙产品当月实际产量的定额工时 = 100×5.4 = 540(小时)

当月甲、乙两种产品应分配的制造费用为:

甲产品应分配制造费用 = 1 280×20 = 25 600(元)

乙产品应分配制造费用 = 540×20 = 10 800(元)

该车间当月应分配转出的制造费用为:25 600 + 10 800 = 36 400(元)

假定该车间当月实际发生的制造费用(即该车间制造费用明细账的借方发生额)为32 800元,那么小于当月按实际产量的定额工时和年度计划分配率分配转出的制造费用(即该车间制造费用明细账的贷方发生额)36 400元。因此,采用这种分配方法时,制造费用明细账以及与这相联系的"制造费用"总账科目,不仅可能有月末余额,而且既可能有借方余额,也可能有贷方余额。

假定该车间制造费用明细账当月初的余额为借方余额1 250元,其登记结果可见图3-1。

"制造费用"科目如果有年末余额,就是全年制造费用的实际发生额与计划分配额的差额,一般应在年末调整记入12月份的产品成本;借记"生产成本——基本生产成本"科目,贷记"制造费用"科目;如果实际发生额大于计划分配额,用蓝字补加;否则用红字冲减。制造费用年末余额,可以按12月份各种产品定额工时的比例进行分配;也可以按全年各种产品定额工时的比例进行分配。

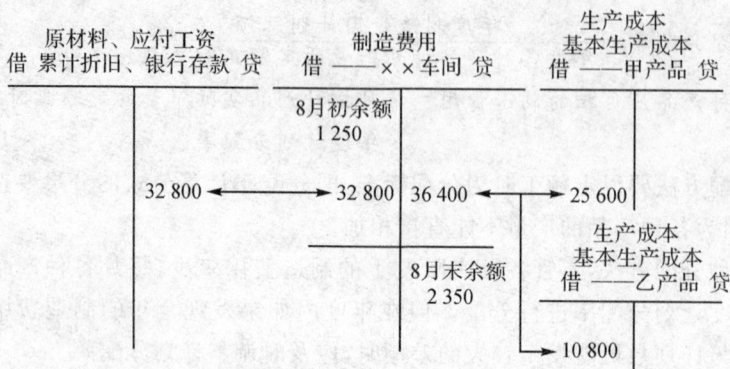

原材料、应付工资 制造费用 生产成本
借 累计折旧、银行存款 贷 借 ——××车间 贷 基本生产成本
借 ——甲产品 贷

8月初余额
1 250

32 800 ←——— → 32 800　36 400 ——→ 25 600

生产成本
基本生产成本
借 ——乙产品 贷

8月末余额
2 350

——→ 10 800

图 3-1

按 12 月份各种产品定额工时的比例分配制造费用年末差额，一般适宜在各月各种产品的比重相差不多的情况下采用。如果各月各种产品的比重相差较大，即 12 月份各种产品的比重与全年各种产品的比重相差较大，仅按 12 月份各种产品定额工时的比例分配制造费用年末差额，会影响各种产品成本计算的准确性。

按年度计划分配率分配法的优点是：①每月可以按照完成的产品定额工时和固定的分配率分配，不必计算实际的费用分配率，因而核算工作比较简便。②这种方法特别适用于季节性生产企业。因为在这种生产企业中，每月发生的制造费用相差不多，但生产淡月和旺月的产量却相差悬殊，如果按照实际费用分配，各月单位产品成本中的制造费用将随之忽高忽低，而这不是由于车间工作本身引起的，因而不便于成本分析工作的进行。③这种分配方法还可以按旬或按日提供产品成本预测所需要的产品应分配的制造费用资料，有利于产品成本的日常控制。但是，采用这种方法必须具备一定的条件：要有较高的计划工作水平。否则年度制造费用的计划数脱离实际太大，就会影响成本计算的准确性。

通过上述制造费用的归集和分配，除了采用年度计划分配率分配法的企业以外，"制造费用"总账科目和所属明细账都应没有月末余额。

至此，应记入本月产品成本的生产费用，都已归集在"生产成本——基本生产成本"总账科目的借方，并已在所属产品成本明细账的本月发生额中按照"直接材料"、"直接人工"、"燃料及动力"和"制造费用"各成本项目分别反映。生产费用在各种产品之间横向的分配和归集，即前述第四方面费用界限的划分已经完毕。

第四节　生产损失的归集与分配

生产损失是指企业在产品生产过程中由于生产原因而发生的不能形成正常产出的损失，包括废品损失、停工损失以及管理不善而造成的在产品损失等。企业由于管理不善造成的在产品损失，与生产并不直接相关，因此不能计入产品生产成本，而应视具体情况分别计入期间费用或营业外支出。这里主要介绍与产品生产成本相关的生产损失,即废品损失和停工损失。

一、废品损失的归集与分配

(一)废品和废品损失

废品是指质量不符合规定的技术标准,不能按照原定用途使用,或者需要经过加工修复后才能使用的在产品、半成品和产成品。无论是生产过程中发现的还是入库后发现的,都包括在废品范围内。

废品按其修复成合格品在技术上的可能性与经济上的合理性,可以分为可修复废品和不可修复废品两种类型。可修复废品,是指技术上可以修复而且对其修复在经济上是合算的废品,不可修复废品,是指在技术上不能修复,或者技术上虽可修复,但对其修复在经济上是不合算的废品。

废品按其产生原因,分为料废品和工废品。料废品是指由于被加工的材料、半成品质量不符合要求而造成的废品。料废品的产生不应由生产工人承担责任,工废品是指由于生产工人操作原因造成的废品,工废品的产生属于生产工人的过失,应由生产工人承担责任。

废品损失是指产生废品而发生的损失,包括可修复废品的修复费用和不可修复废品的报废净损失。修复费用是指可修复废品在返修过程中发生的材料、人工等各项费用;报废净损失是指不可修复废品的生产成本扣除回收的废品残料价值和过失人的赔偿款的净损失。

企业发现废品,要填写废品通知单,列明废品的数量、种类、产生废品的原因及过失人,以便进行废品损失的核算。质检部门鉴定认为不需要返修就可以降价出售的不合格品,不属于废品,其降价损失列为销售损益;产成品入库后发现的废品,如属于生产过程中原因造成的,应领出修复或报废,计入废品损失;如属于管理不善造成的损坏变质损失,应作为管理费用处理,不应列为废品损失;产品出售以后发生的维修、退货、索赔等损失,均不能列作废品损失处理。

(二)废品损失的归集与分配

单独核算废品损失的企业,应设置“生产成本——废品损失”账户进行废品损失的归集和分配。该账户借方登记可修复废品的修复费用和不可修复废品的生产成本;贷方登记不可修复废品回收的残值、应向责任人索赔的数额和月末转入产品生产成本的废品净损失。月末结转后该账户无余额。

“生产成本——废品损失”账户应按基本生产车间区分产品品种设置账页,并按成本项目设置专栏,进行废品损失的明细核算。

1. 不可修复废品损失的归集和分配

不可修复废品损失包括不可修复废品生产成本、废品回收残料价值和责任人赔款三个部分组成。由于不可修复废品的生产成本与合格品的生产成本是归集在一起的，并已记入产品生产成本明细账中相关成本项目的，因此，若要计算不可修复废品的生产成本，应采用适当方法将产品的全部生产成本在合格品与不可修复废品之间进行分配，计算出不可修复废品的生产成本，并从"生产成本"账户及相应的明细账转入"生产成本——废品损失"账户。计算分配的方法有多种，常用的方法一般有两种：按照废品所耗实际费用计算；按照废品所耗定额费用计算。

不可修复废品成本确定后，应从"生产成本"账户及相应明细账转入"生产成本——废品损失"账户。不可修复废品的残料回收入库及应收过失人的赔偿款，则应由"生产成本——废品损失"账户转入"原材料"、"其他应收款"等账户，冲减废品损失。

通过上述三个项目计算结转后，就可以确定出不可修复废品的净损失，这一净损失，应按月转入同种类产品的合格品产品的生产成本。借记"生产成本——基本生产成本"账户，贷记"生产成本——废品损失"账户（见图 3-2）。

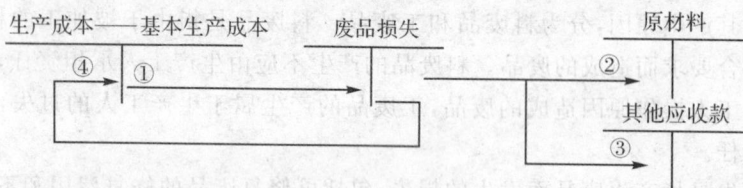

图 3-2　不可修复废品的账务处理图

说明：

①结转废品成本；

②回收废品残料；

③转过失人赔偿；

④废品损失转至合格品成本。

单独核算废品损失的企业，应增设"废品损失"成本项目。

【例 3-12】　大正公司生产的甲产品，7 月份生产完工产品 600 件，经检验发现不可修复废品 40 件，其余为合格品。本月汇集的产品生产成本为：直接材料 72 000 元，直接人工 52 200 元，制造费用 23 400 元。材料系生产开始时一次投入。产品生产总工时为 9 000 小时，其中，不可修复废品的生产工时为 300 小时；废品残料验收入库，作价800 元。直接材料费用按合格品和废品数量比例分配，其他费用按生产工时比例分配。根据资料，计算并编制不可修复废品损失计算如表 3-14 所示。

表 3-14　不可修复废品损失计算表（按实际成本）

产品名称：甲产品　　　　　　　　　20××年3月　　　　　　　　　　单位：元

项　　目	数量（件）	直接材料	生产工时（小时）	直接人工	制造费用	成本合计
生产总成本	600	72 000	9 000	52 200	23 400	147 600
费用分配率		120		5.8	2.6	

项　目	数量(件)	直接材料	生产工时(小时)	直接人工	制造费用	成本合计
废品生产成本	40	4 800	300	1 740	780	7 320
减:废品残值		800				800
废品损失		4 000		1 740	780	6 520

根据"废品损失计算表",编制有关会计分录,并据登记入账:

(1) 结转废品生产成本:

借:生产成本——废品损失——甲产品　　　　　　　　7 320

　　贷:生产成本——基本生产成本——甲产品　　　　　　7 320

(2) 回收废品残料:

借:原材料:　　　　　　　　　　　　　　　　　800

　　贷:生产成本——废品损失——甲产品(直接材料)　　　800

(3) 废品净损失转入同种产品合格品成本:

借:生产成本——基本生产成本——甲产品(废品损失)　　6 520

　　贷:生产成本——废品损失——甲产品　　　　　　　　　6 520

根据上述废品损失的账务处理,甲产品生产成本明细表(有关内容)如表 3-15 所示。

表 3-15　生产成本明细账

车间:第一车间　　　　　　　20××年3月　　　　　产品名称:甲产品　产量:560件

××年		凭证号码	摘　要	成　本　项　目				合　计
月	日			直接材料	直接人工	制造费用	废品损失	
		略	生产费用合计	72 000	52 200	23 400		147 600
			结转废品生产成本	4 800	1 740	780		7 320
			转入废品损失				6 520	6 520
			合格产品总成本	67 200	50 460	22 620	6 520	146 800
			合格产品单位成本	120	90.11	40.39	11.64	262.14

2. 可修复废品损失的归集和分配

可修复废品损失,是指废品修复过程中发生的各种修理费用,它不包括废品的生产成本。因此,可修复废品损失的归集,应在各要素费用及相关费用的分配时,根据有关凭证单据,借记"生产成本——废品损失"账户,逐项进行归集;回收废品残料价值和应由过失人赔偿的款项,应冲减废品损失,从"生产成本——废品损失"账户贷方转入有关账户。月末,将发生的废品净损失,从"生产成本——废品损失"账户贷方,转入同种类产品"生产成本"账户的借方,计入同种类产品合格品的生产成本(见图 3-3)。

【例 3-13】　大正公司生产的乙产品,本月完工产品 1 900 件,入库验收时发现可修复废品 110 件,为修复该批产品,耗用原材料 1 500 元,应负担工资费用 1 000 元,职工

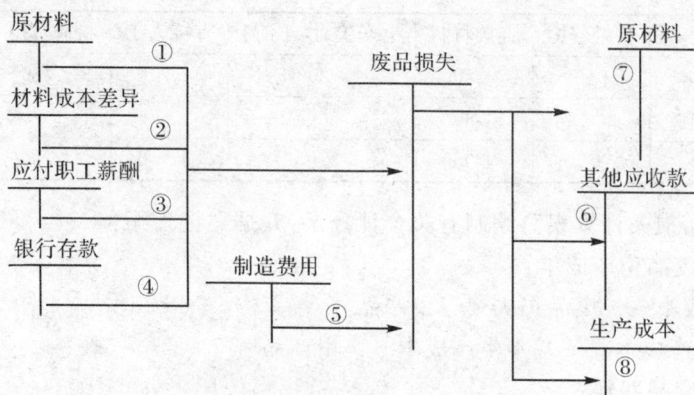

图 3-3 可修复废品损失账务处理图

说明：

① 为修复废品领用的原材料；

② 月末分配耗用原材料的成本差异；

③ 按工时分配应负担的直接人工费用；

④ 为修复废品用银行存款支付动力费等；

⑤ 分配修复废品应负担制造成费用；

⑥ 结转应由过失人负担的赔款；

⑦ 修复废品回收残料作价入库；

⑧ 将修复废品发生的净损失结转同类产品成本。

福利费 140 元；生产工时 200 小时，制造费用分配率 2.6 元/小时，其中有工废品 60 件，应收过失人赔偿 600 元。根据上述资料，可修复废品损失归集与分配的账务处理为：

(1)发生修复费用：

借：生产成本——废品损失——乙产品   3 160

    贷：原材料   1 500

        应付职工薪酬——工资   1 000

              ——福利费   140

        制造费用   520

(2)结转应收过失人赔偿款：

借：其他应收款——×××   600

    贷：生产成本——废品损失——乙产品   600

(3)结转废品净损失：

借：生产成本——基本生产成本——乙产品(废品损失)   2 560

    贷：生产成本——废品损失   2 560

需要说明的是：管理上不要求单独核算废品损失的企业，可以不单独设置"废品损失"成本项目和"生产成本——废品损失"账户进行废品损失的归集与分配。发生可修复废品的修复费用直接列为同种类产品的生产成本,应收责任人赔偿款结转冲减其成本;不可修复废品,对其废品生产成本不必进行结转,直接计列在同种产品合格品的生产成本之中。但对回收残料价值及责任人赔款应予结转,冲减其成本。完工产品数量以合格品数为准,相对提高产品单位成本。

二、停工损失的归集和分配

（一）停工损失概述

停工损失是指生产车间或车间内某个班组在停工期内发生的各项费用,包括停工期内支付的生产工人工资及提取的福利费,所耗燃料和动力费用,以及应负担的制造费用等。

企业发生停工的原因很多,例如季节性生产、原材料供应不足、生产任务下达不及时、机器设备发生故障、供电供水中断、设备设施修理、产品滞销、发生自然灾害等非常事故等,都可能引起停工。停工的时间有长有短,长的可能几周、几个月甚至更长,短的可能几天、几个小时;涉及的范围也有大有小,小的可能是某个车间的班组或某台设备,大的可能某个车间或某个分厂甚至整个企业。在会计上并不是所有的停工都需要单独核算停工损失的,企业可以根据实际情况和管理要求,确定停工损失的计算范围和时间。一般停工不满一个工作日,可以不计算停工损失;季节性生产企业在停工期间发生的费用,不属于停工损失,应通过"制造费用"、"待摊费用"、"预提费用"等账户以待摊或预提的方式进行核算,由开工期内的生产成本负担,企业辅助生产车间发生的停工损失,一般不单独进行核算。

（二）停工损失的归集

单独核算停工损失的企业,应设置"生产成本——停工损失"账户进行停工损失的核算,该账户借方登记各生产单位发生的各项停工损失,贷方登记应收的过失单位或个人赔偿和分配结转停工净损失;分配结转后"生产成本——停工损失"账户无余额。该账户应按生产车间设置明细账,并按成本项目设置专栏进行明细核算。单独核算停工损失的企业,应在产品生产成本明细账中增设"停工损失"成本项目。

企业在停工期间发生的各项费用,能够直接计入停工损失的,如领用材料、生产工人工资等,可以根据相关原始凭证直接计入;如果无法直接计入停工损失的,如停工期间应负担的制造费用等可按生产工时和停工工时的比例进行分配后再予以计入,借记"生产成本——停工损失"账户,贷记"原材料"、"应付职工薪酬"、"制造费用"等账户。

【例3-14】 大正公司第二车间由于外部供电线路原因停工5天,停工期间领用维护用材料3 000元,应分配的生产工人工资6 000元,职工福利费840元,应分摊制造费用2 660元。公司应作如下账务处理:

借:生产成本——停工损失——第二车间　　　　　12 500

贷:原材料　　　　　　　　　　　　　　　　　3 000

应付职工薪酬——工资	6 000
——福利费	840
制造费用——第二车间	2 660

（三）停工损失的分配

企业归集的停工损失，应当根据发生停工的原因进行分配和结转。由于责任单位造成的停工，以及可以由保险公司承担赔偿的停工，应积极索赔，并根据应收赔偿款，冲减停工损失，不足部分计入营业外支出；由于自然灾害等引起的非正常停工损失，应计入营业外支出；机器设备及设施修理期间的停工损失，计入所在车间的"制造费用"账户；其余停工损失一般应结转计入产品生产成本。

计入产品生产成本的停工损失，如果停工车间只生产一种产品，则可直接计入该种产品的生产成本明细账的"停工损失"成本项目；如果是生产多种产品的，则可采用制造费用分配的方法在各产品之间进行分配，并计入相应的生产成本明细账的"停工损失"成本项目。

【例3-15】（承例3-14），大正公司上述第二车间由于供电部门造成的停工损失12 500元，市供电局已同意赔偿50%，其50%的净损失经核准列入营业外支出。公司应作如下账务处理：

借：其他应收款——市供电局	6 250
营业外支出	6 250
贷：生产成本——停工损失——第二车间	12 500

【例3-16】 大正公司第一车间，由于机器设备故障导致停工3天，归集的停工损失为9 000元，设备故障是由于生产工人操作不当引起的，由责任人赔偿2 000元，其余由甲、乙两产品共同负担，该车间制造费用系按生产工时比例法分配的，本月甲产品生产工时为30 000小时，乙产品生产工时为20 000小时。则这一停工损失分配的账务处理为：

借：其他应收款——责任人	2 000
生产成本——第一车间——甲产品（停工损失）	4 200
——乙产品（停工损失）	2 800
贷：生产成本——停工损失——第一车间	9 000

不单独核算停工损失的企业，停工期间发生的属于停工损失的各种费用，可根据停工原因，分别直接计入"制造费用"和"营业外支出"等账户。

停工损失的账务处理如图3-4所示。

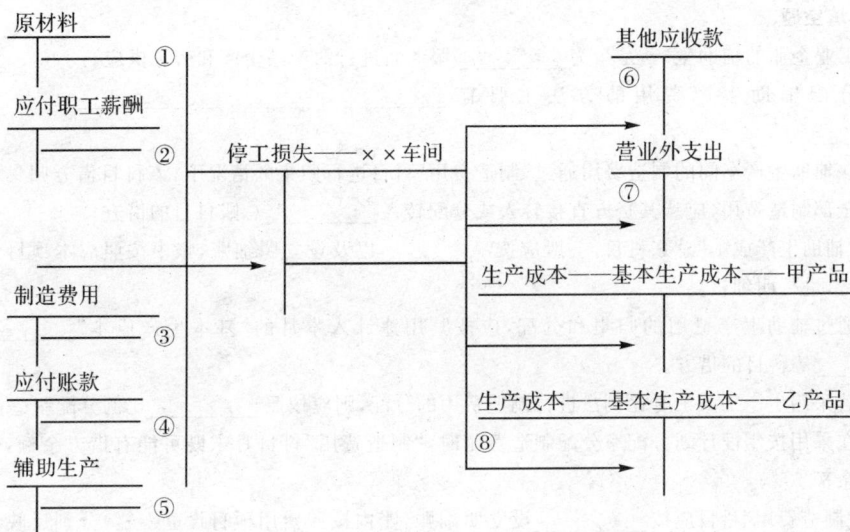

图 3-4　停工损失账务处理图

说明：

①停工期间消耗的原材料；

②停工期间发生的生产工人工资及福利费；

③停工期间应分摊的制造费用；

④停工期间分配的动力费用；

⑤停工期间分配的其他辅助费用；

⑥结转应收赔款；

⑦按规定应由"营业外支出"列支的停工损失；

⑧结转应记入产品成本的停工损失。

练 习 题

一、名词解释

1.辅助生产

2.直接分配法

3.交互分配法

4.废品损失

5.停工损失

二、填空题

1.工业企业的辅助生产,是指为_____服务而进行的产品生产和劳务供应。

2.分配辅助生产费用的方法主要有_____、_____、_____、_____和_____。

3.在辅助生产车间的制造费用通过"制造费用"科目进行归集的情况下,该科目借方归集的辅助生产的全部制造费用,应从其贷方直接转入或分配转入_____总账科目的借方。

4."辅助生产成本"总账科目,一般应按_____以及设立明细账,账中按照成本项目设立专栏或专行,进行明细核算。

5.通过辅助生产费用的归集和分配,应按其用途计入本月的"基本生产成本"_____和_____等科目的借方。

6.若采用生产工人工时比例法进行制造费用的分配,则应按照_____比例分配制造费用。

7.在采用按年度计划分配率分配制造费用时,"制造费用"科目月末既可能有借方余额,也可能有贷方余额。

8."制造费用"科目应按_____设立明细账,账内按照费用项目设立专栏,分别反映各车间各项制造费用的_____情况和制造费用的分配转出情况。

三、单项选择题

1.待摊费用分摊的期限和方法,应在(　　)确定。

　　A.费用发生前　　　　　　　　B.费用发生时

　　C.费用发生当月月初　　　　　D.费用发生当月月末

2.待摊费用的摊销期限最长为　　　　　　　　　　　　　　　　　　　　(　　)

　　A.一年　　　　　　B.半年　　　　　　C.两年　　　　　　D.三年

3.资产负债表中的"预提费用"项目属于(　　)类项目。

　　A.资产　　　　　　　　　　　B.负债

　　C.所有者权益　　　　　　　　D.资产和负债双重性质

4.下列费用中,可以作为待摊费用处理的是　　　　　　　　　　　　　　(　　)

　　A.按月计提的固定资产折旧费　　B.支付购入原材料的货款

　　C.预付固定资产租金　　　　　　D.支付生产工人工资

5."预提费用"科目如为借方余额,则应在资产负债表的(　　)项目中加以反映。

　　A."预提费用"　　B."预付账款"　　C."待摊费用"　　D."应收账款"

6.下列辅助生产费用的分配方法中,不考虑各辅助生产车间相互之间提供劳务的是　(　　)

　　A.直接分配法　　　　　　　　B.交互分配法

　　C.按计划成本分配法　　　　　D.代数分配法

7.采用按计划成本分配法分配辅助生产费用,为简化分配工作,辅助生产的成本差异全部调整计入(　　),不再分配给各受益单位。

　　A.制造费用　　　　B.管理费用　　　　C.销售费用　　　　D.营业外支出

8.下列费用中,属于制造费用的有　　　　　　　　　　　　　　　　　　(　　)

　　A.专设销售机构的固定资产折旧费　　B.生产车间机器设备的折旧费

　　C.广告费　　　　　　　　　　　　　D.金融机构手续费

9. 采用（　　）分配制造费用，"制造费用"科目月末可能有贷方余额。

    A. 生产工人工时比例法　　　　　　　　B. 生产工人工资比例法

    C. 机器工时比例法　　　　　　　　　　D. 按年度计划分配率分配法

10. 在采用按年度计划分配率分配法分配制造费用的情况下，"制造费用"科目如果有年末余额，
    一般应在年末调整计入 12 月份的　　　　　　　　　　　　　　　　　　　（　　）

    A. 产品成本　　　　B. 管理费用　　　　C. 销售费用　　　　D. 财务费用

四、多项选择题

1. 下列支出可以通过"预提费用"科目核算的有　　　　　　　　　　　　　　（　　）

    A. 低值易耗品摊销　　　　　　　　　　B. 财产保险费

    C. 按季结算的短期借款利息支出

    D. 经营租入一台机器设备，3 个月租赁期满时支付的租赁费。

2. 下列关于预提费用的说法中，正确的是　　　　　　　　　　　　　　　　（　　）

    A. 预提费用是应付而未付的费用

    B. 生产车间预提费用时，应记入"预提费用"科目的借方

    C. "预提费用"科目的贷方余额，为已经预提但尚未支付的费用

    D. 预提费用的核算，是权责发生制原则的重要体现

3. 辅助生产车间发生的直接用于辅助生产、但没有专设成本项目的费用以及间接用于辅助生
    产的费用，可以采取的归集方式有　　　　　　　　　　　　　　　　　　（　　）

    A. 先记入"管理费用"科目的借方，然后再从其贷方直接转入或分配转入"辅助生产成本"科
       目的借方

    B. 先记入"销售费用"科目的借方，然后再从其贷方直接转入或分配转入"辅助生产成本"科
       目的借方

    C. 先记入"制造费用"科目的借方，然后再从其贷方直接转入或分配转入"辅助生产成本"科
       目的借方

    D. 直接记入"辅助生产成本"科目的借方

4. 下列关于交互分配法的说法中，正确的是　　　　　　　　　　　　　　　（　　）

    A. 只将辅助生产费用在辅助生产以外的各受益单位之间进行分配

    B. 各种辅助生产费用都要计算两个费用分配率，进行两次分配

    C. 各辅助生产车间交互分配后的实际费用，等于交互分配前的费用加上交互分配转入的
       费用

    D. 各辅助生产车间交互分配后的实际费用，等于交互分配前的费用加上交互分配转入的费
       用，减去交互分配转出的费用

5. 辅助生产费用按计划成本分配法的优点包括　　　　　　　　　　　　　　（　　）

    A. 各种辅助生产费用只分配一次，而且劳务的计划单位成本是早已确定的，不必单独计算
       费用分配率，因而简化了计算工作

    B. 各辅助生产车间的待分配费用只对辅助生产车间以外的单位分配，因而简化了计算工作

    C. 通过辅助生产成本差异的计算，还能反映和考核辅助生产成本计划的执行情况

    D. 由于辅助生产的成本差异全部计入管理费用，各受益单位所负担的辅助生产费用都不包

括辅助生产成本差异因素,因而还便于分析和考核各受益单位的成本

6. 制造费用包括( )等

    A. 车间生产用的照明费　　　　　　　B. 生产用固定资产修理期间停工的损失

    C. 车间生产用房屋及建筑物的折旧费　D. 车间机物料消耗

7. 下列关于机器工时比例法的说法中,正确的是 ( )

    A. 这一方法适用于产品生产的机械化程度较高的车间

    B. 这一方法适用于产品生产的机械化程度较低的车间

    C. 采用这一方法,必须具备各种产品所用机器工时的原始记录

    D. 采用这一方法,必须具备较高的计划工作的水平

五、判断题

1. 已经预提的费用在支付时,应当计入当月的生产费用,同时冲减预提费用 ( )

2. 有些费用受益期限虽然超过一个月,但如果数额不大,例如预付零星报刊订阅费等,为了简化核算,也可以不作为待摊费用处理,而直接计入支付月份的生产费用 ( )

3. 待摊费用的受益和摊销期限,有的不能明确确定,例如领用低值易耗品的受益、摊销期限不易确定,因为其使用期限不易预计,这就需要成本会计人员会同生产、技术人员根据具体情况加以测定 ( )

4. 辅助生产产品和劳务成本的高低,对于基本生产产品成本的水平没有影响 ( )

5. 直接分配法一般只适宜在辅助生产内部相互提供劳务不多,不进行费用的交互分配对辅助生产成本和基本生产成本影响不大的情况下采用 ( )

6. 在交互分配法下,由于交互分配的费用分配率根据交互分配以前的待分配费用计算的,不是该辅助生产的实际单位成本,因而分配结果也不很正确 ( )

7. 辅助生产提供的产品和劳务,主要用于对外销售,同时,也是提供给基本生产车间耗用( )

8. 采用按计划成本分配法进行辅助生产费用的分配应该具备一定的条件,即辅助生产劳务的计划单位成本必须比较准确 ( )

9. 企业行政管理部门发生的设计制图费和试验费应计入"管理费用"科目 ( )

10. 在采用按年度计划分配率分配法分配制造费用的情况下,在年度内如果发现全年的制造费用实际实际数和产量实际数与计划数可能发生较大的差额时,应及时调整计划分配率 ( )

11. 如果生产工人工资是按照生产工时比例分配计入各种产品成本的,那么,按照生产工人工资比例分配制造费用,实际上也就是按照生产工人工时比例分配制造费用 ( )

12. 采用生产工资比例法分配制造费用,各种产品的机械化程度应该相差不多 ( )

六、问答题

1. 辅助生产费用的按计划成本分配法有哪些优点?

2. 简述按年度计划分配率分配法进行制造费用的分配有哪些优点?

3. 简述可修复废品损失包括的内容?

七、计算与核算题

练习一

(一)目的:练习待摊费用的核算

(二)资料:某企业1月份预付第一季度固定资产保险费 5 400 元。其中车间固定资产保险费

3 600元,厂部固定资产保险费1 800元。

(三)要求:编制支付保险费用和每月摊销保险费的会计分录。

练习二

(一)目的:练习采用预提财务费用的核算

(二)资料:某企业预计一季度发生财务费用总额为180 000元,1-2月每月预提财务费用60 000元。该企业1-2月实际支付财务费用135 000元,3月份实际支付财务费用50 000元。

(三)要求:根据以上资料,编制相应的会计分录。

练习三

(一)目的:练习直接分配法分配辅助生产费用

(二)资料:某企业有运输和修理两个辅助生产车间,其待分配费用分别为7 200元和13 500元,制造费用不通过"制造费用"科目核算,其劳务提供情况如下:

供应对象		运输劳务(吨公里)	修理劳务(工时)
辅助生产车间	运输车间		3 000
	修理车间	1 500	
基本生产车间		12 000	21 000
行政管理部门		6 000	3 000
合　　计		19 500	27 000

(三)要求:用直接分配法对辅助生产费用进行分配,并编制相应的会计分录。

辅助生产费用分配表
(直接分配法)
20××年3月　　　　　　　　　　　　　　　　单位:元

辅助生产车间名称			运　输	修　理	金额合计
待分配费用					
对辅助生产以外的供应数量					
费用分配率(单位成本)					
应借"制造费用"科目	基本生产车间耗用	数量			
		金额			
应借"管理费用"科目	行政管理部门耗用	数量			
		金额			
分配费用合计					

练习四

(一)目的:练习用交互分配辅助生产费用

(二)资料:同练习三。

(三)要求:用交互分配法对辅助生产费用进行分配,并编制相应的会计分录。

辅助生产费用分配表
（交互分配法）
20××年3月　　　　　　　　　　　　　　　　　　　　单位:元

项　目			交 互 分 配			对 外 分 配		
辅助生产车间名称			运输	修理	合计	运输	修理	合计
待分配费用								
供应劳务总量								
费用分配率（单位成本）								
应借"生产成本——辅助生产"科目	运输车间耗用	数量						
		金额						
	修理车间耗用	数量						
		金额						
应借"制造费用"科目	基本生产车间耗用	数量						
		金额						
应借"管理费用"科目	行政管理	数量						
		金额						
分配金额合计								

练习五

（一）目的:练习用计划成本分配法分配辅助生产费用

（二）资料:

1. 同练习三;

2. 运输车间的计划单位成本为0.3元/吨公里,修理车间的计划单位成本为0.6元/工时;

（三）要求:用计划成本分配法对辅助生产费用进行分配,并编制相应的会计分录。

辅助生产费用分配表
（计划成本分配法）
大正公司　　　　　　　　　20××年3月　　　　　　　　　单位:元

项　目		运 输 车 间		修 理 车 间		金 额 合计
		数量（公里）	金 额	数量（工时）	金 额	
待分配费用						
劳务供应总量						
计划单位成本						
各受益对象受益量及分配金额	辅助生产	运输车间				
		修理车间				
	基本生产车间耗用					
	厂　部					
按计划成本分配合计						
辅助生产实际成本						
辅助生产成本差异						

练习六

（一）目的：练习用代数分配法分配辅助生产费用

（二）资料：同练习三；

（三）要求：用代数分配法对辅助生产费用进行分配，并编制相应的会计分录。

辅助生产费用分配表

（代数分配法）

大正公司　　　　　　　　　　　20×× 年 3 月　　　　　　　　　　　单位:元

项　目		运输车间		修理车间		金额合计
		数量（吨）	金额	数量（工时）	金额	
待分配费用						
劳务供应总量						
单位成本						
各受益对象受益量及分配金额	辅助生产	运输车间				
		修理车间				
	基本生产车间耗用					
	厂　部					
合　计						

练习七

（一）目的：练习用生产工人工时比例法分配制造费用

（二）资料：某基本生产车间生产甲、乙两种产品，其中甲产品耗用工时 6 000 小时，乙产品耗用工时 4 000 小时。本月累计发生制造费用总额为 11 000 元。

（三）要求：用生产工人工时比例法分配制造费用，并编制相应的会计分录。

练习八

（一）目的：练习用按年度计划分配率分配制造费用

（二）资料：某车间全年计划制造费用为 110 000 元；全年各种产品的计划产量为：甲产品 5 200 件，乙产品 4 500 件；单件产品的工时定为：甲产品 5 小时，乙产品 4 小时。12 月份的实际产量为：甲产品 480 件，乙产品 300 件。

（三）要求：

1. 采用按年度计划分配率分配法分配 12 月份甲、乙产品应分配的制造费用，并编制相应的会计分录；

2. 若 12 月初"制造费用"总账科目有贷方余额 600 元，12 月份实际发生制造费用 9 780 元。按 12 月份甲、乙两种产品定额工时的比例分配"制造费用"科目年末余额。编制相应的会计分录。

第四章

生产费用在完工产品与在产品之间分配

第一节 生产费用在完工产品与在产品之间分配概述

一、在产品的概念

生产费用经过一系列的归集和分配,企业在生产过程中发生的生产成本已经分别归集到按产品或成本计算对象设置的基本生产明细账中。在没有在产品的情况下,各生产成本明细账所归集的生产成本,就是各种产品的产成品成本;如果全部没有完工,生产成本明细账中归集的生产成本就是该种产品在产生成本;在既有产成品又有在产品情况下,则应将期初在产品成本和应计入本期产品成本的生产费用之和,在本期产成品和期末在产品之间进行分配,以确定本期产品和期末在产品的成本。

所谓的在产品就是指企业中正处于生产过程中,未完成全部生产过程,不能作为商品出售的产品。在产品可以分为广义在产品和狭义在产品,从广义的或者就整个企业来说,在产品是指没有完成全部生产过程,不能作为商品出售的产品。包括正在加工中的在产品和已经完成一个或几个生产工序仍需继续加工的半成品。从狭义的或者就某一车间或某一生产步骤来说,在产品只包括该车间或该生产步骤正在加工中的那部分在产品,而车间或生产步骤已完工的半成品不包括在内。

二、在产品数量的核算

在产品数量的核算应做好两方面工作,一方面要做好在产品收入、发出和结存的日常核算工作;另一方面要做好在产品的定期或不定期的清查工作。这样可以随时掌握在产品的动态情况,又便于清查在产品的实际结存数量。对于正确计算产品成本,加强生产资金管理和生产经营管理有着重要的意义。

在产品收入、发出和结存的日常核算一般是通过"在产品收发结存账"进行的。

"在产品收发结存账"，亦称"在产品台账"，是设在基本生产车间，由车间核算人员进行登记，用来专门核算在产品数量的一种账簿。这种账簿应分别按车间，并且按照产品的品种和名称设置，登记各种在产品的收入、发出和结存数量。通过"在产品收发结存账"，各车间应认真做好在产品的计量、验收和交接工作，并根据在产品内部转移凭证及时登记"在产品收发结存账"，以加强在产品数量的核算。"在产品收发结存账"的格式如表4-1。

表4-1 在产品收发结存账
（在产品台账）

在产品名称、编号:1301　　　　　　车间名称:××车间　　　　　　单位:件

月	日	摘要	转入		转出			结存		备注
			凭证号	数量	凭证号	合格品	废品	完工	未完工	
5	1		501	70					70	
5	2			40		60	2	18	30	
5	7			20		26		7	35	
5	31	合计		980		934	11	15	40	

为了核实在产品的数量，除了做好以上工作以外还必须认真做好在产品的清查工作，以保证在产品数量的账实相符。

三、在产品成本与完工产品成本的关系

月初在产品成本、本月生产费用、本月完工产品成本和月末在产品成本四者之间的关系可用以下公式表示：

月初在产品成本＋本月生产费用＝本月完工产品成本＋月末在产品成本（公式1）

由以上公式可见在月初在产品成本及本月生产费用之和（即生产费用合计）已经确定的情况下，完工产品成本和月末在产品成本的金额是相互影响并受生产费用合计制约的。

一般生产费用合计在完工产品与月末在产品之间分配的方法有两类。一类是生产费用合计在完工产品成本与月末在产品之间按照一定的比例分配，同时计算完工产品成本。另一类则是先确定月末在产品成本，再从生产费用合计中减去月末在产品成本来计算完工产品成本。此类计算可将上公式修改为：

完工产品成本＝月初在产品成本＋本月生产费用－月末在产品成本（公式2）

可见每月在产品数量或成本的大小，对完工产品成本有着很大的影响，也可以说计算在产品成本是正确计算完工产品成本的关键。

四、选择生产费用在完工产品与月末产品之间分配方法应考虑的因素

如何既合理又简便地在完工产品和月末在产品之间分配费用,是产品成本计算工作中又一个重要而复杂的问题。如果产品结构复杂,零部件种类和加工工序较多,这一问题则更为突出。企业应该根据在产品数量的多少、各月在产品数量变化的大小、各项费用比重的大小,以及定额管理基础的好坏等具体条件,采用适当的分配方法。

第二节 生产费用在完工产品与在产品之间分配的方法

在完工产品与月末在产品之间分配生产费用的方法很多,通常采用的有:不计算在产品成本法、在产品按固定成本计价法、在产品按所耗直接材料费用计价法、约当产量比例法、在产品按定额成本计价法和定额比例法。

一、不计算在产品成本法

(一)不计算在产品成本法的适用条件

不计算在产品成本法适用于月末在产品数量很少的产品。

(二)不计算在产品成本法的特点

采用不计算在产品成本法,虽然有月末在产品,但不计算成本。将前例公式(2)进行整理,可以表示为:

$$\frac{本月完工}{产品成本} = \frac{本月生}{产费用} + \left(\frac{月初在}{产品成本} - \frac{月末在}{产品成本}\right)$$

从上述公式可看出,本月完工产品成本也等于本月生产费用和月初、月末在产品成本差额之和。如果各月月末在产品的数量很少,那么,月初和月末在产品成本就很小,月初与月末在产品成本的差额则更少。算不算各月在产品成本对于完工产品成本的影响很小。因此,为了简化产品成本计算工作,可以不计算在产品成本。也就是说,这种产品每月发生的生产费用,全部由该种完工产品负担,其每月生产费用之和也就是每月完工产品成本。煤炭工业的采煤,由于工作面小,在产品数量很少,月末在产品就可以不计算成本。

【例4-1】 某种产品3月份发生的各项生产费用之和为100 000元。月初、月末在产品数量较少,如果对在产品进行计价,月初在产品成本为200元,月末在产品成本为150元,3月份完工产品的实际成本为100 050(即100 000+200-150)元。

采用不计算在产品成本法,月初、月末在产品成本均忽略不计,3月份完工产品成本即为3月份发生的生产费用100 000元。计算结果,与前述计算出的实际成本仅相差50元,但能够简化产品成本计算工作。

二、在产品按固定成本计价法

(一)在产品按固定成本计价法的适用条件

在产品按固定成本计价法适用于月末在产品数量较多,但各月变化不大的产品。

(二)在产品按固定成本计价法的特点

采用在产品按固定成本计价法,各月末在产品的成本固定不变。这是因为,如果月末的在产品数量较多,仍然不计算在产品成本,会使企业的在产品成本不实,从而使企业的存货计价不实,也会使这些在产品成为账外财产,不利于对这些财产实行会计监督,也不利于企业的资产管理。因此,月末在产品数量较多时,应对月末在产品进行计价。但由于各月末在产品数量变化不大,因而月初、月末在产品成本的差额仍然不大,算不算各月在产品成本的差额对于完工产品成本的影响仍然不大。因此,为了简化产品成本计算工作,每月在产品成本都要计价,但可以按固定不变的数额计价。

采用这种分配方法的产品,每月发生的生产费用之和仍然是每月该种完工产品的成本。但在年末,在产品成本不应再按固定不变的数额计价,否则会使按固定数计价的在产品成本与其实际成本出入过大,影响产品成本计算的正确性。因而在年末,应该根据实际盘点的在产品数量,具体计算在产品成本,据以计算12月份产品成本,并可以将算出的年末在产品成本作为下一年度各月固定不变的在产品成本。炼铁企业和化工企业的产品,由于高炉和化学反应装置的容积固定,其在产品成本就可以采用这种计算方法。

【例4-2】 某种产品3月份发生生产费用100 000元,月初、月末在产品数量较多,但各月之间变化不大,如果对在产品进行计价,月初在产品成本为20 200元,月末在产品成本20 150元,3月份完工产品的实际成本为100 050(即100 000+20 200-20 150)元。

采用在产品按固定成本计价法,月初、月末在产品均可以按年初在产品成本固定计算(假定年初在产品成本为20 000元),3月份完工产品成本为100 000(即100 000+20 000-20 000)元,等于3月份发生的生产费用。计算结果,完工产品成本与前述计算出的实际成本仅相差50元,月末在产品成本按20 000元计价也与实际成本仅相差200元,对完工产品成本和月末在产品成本的影响均不大,但能够简化产品成本计算工作。

三、在产品按所耗直接材料费用计价法

(一)在产品按所耗直接材料费用计价法的适用条件

在产品按所耗直接材料费用计价法适用于各月末在产品数量较多、各月在产品数量变化也较大,且直接材料费用在成本中所占比重较大的产品。

（二）在产品按所耗直接材料费用计价法的特点

采用在产品按所耗直接材料费用计价法，月末在产品只计算其所耗直接材料费用，不计算直接人工等加工费用。也就是说，产品的直接材料费用（月初在产品的直接材料费用与本月发生的直接材料费用之和）需要在完工产品与月末在产品之间进行分配，而产品本月发生的加工费用全部由完工产品成本负担。这是因为各月末在产品数量较多，各月在产品数量变化也较大的产品，既不能采用第一种方法，也不能采用第二种方法，而必须具体计算每月末的在产品成本。但是，由于该种产品的直接材料费用比重较大，而加工费用比重不大，月初、月末在产品应负担的加工费用也不大，月初、月末在产品的加工费用的差额更小，不计算月末在产品的加工费用对完工产品成本的影响不大。因此，为了简化计算工作，在产品可以不计算加工费用。这时，这种产品的全部生产费用，减去按所耗直接材料费用计算的在产品成本，就是该种完工产品的成本。纺织、造纸和酿酒等工业的产品，直接材料费用比重较大，都可以采用这种分配方法。

【例 4-3】 某种产品的月末在产品只计算所耗直接材料费用。其月初在产品直接材料费用（即月初在产品成本）为 8 990 元，本月发生直接材料费用 278 542 元，直接人工等加工费用共为 12 400 元。本月完工产品 1180 件，月末在产品 450 件。直接材料是在生产开始时一次投入的，因而每件的完工产品和不同完工程度在产品所耗直接材料数量相同，直接材料费用可以按完工产品与月末在产品的数量比例分配。分析计算如下：

$$直接材料费用分配率 = \frac{8\ 990 + 278\ 542}{1\ 180 + 450} = 176.4$$

完工产品直接材料费用 $= 1\ 180 \times 176.4 = 208\ 152$（元）

月末在产品直接材料费用 $= 450 \times 176.4 = 79\ 380$（元）（即月末在产品成本）

完工产品成本 $= 208\ 152 + 12\ 400 = 220\ 552$（元）

由于上一生产步骤所产半成品也就是下一生产步骤的直接材料，因此，下一生产步骤的产品成本，也可以按其所耗上一生产步骤的半成品费用计算。例如纺织工业企业织布车间的产品成本，就可以按其所耗半成品纱的费用计算。

四、约当产量比例法

（一）约当产量比例法的适用条件

约当产量比例法适用于月末在产品数量较多，各月在产品数量变化比较大，且产品成本中直接材料费用和直接人工等加工费用的比重相差不多的产品。这是因为：(1)月末在产品数量较多，而且各月末在产品数量变化也较大，因而月末在产品成本既不能计算，也不能固定不变，而必须按照月末在产品数量具体计算。(2)产品成本中的直接材料费用比重与直接人工等各项加工费用比重相差不多，因而月末在产品不能只计算直接材料费用，而必须全面地计算各项费用。

(二)约当产量比例法的特点

采用约当产量比例法,应将月末在产品数量按照完工程度折算为相当于完工产品的产量,即约当产量,然后按照完工产品产量(也是完工程度为100%的约当产量)与月末在产品约当产量的比例分配计算完工产品成本和月末在产品成本。

由于直接材料费用与直接人工等加工费用的投入情况不同,因而可以分别计算完工程度,分别计算在产品约当产量,并按照不同约当产量比例分配直接材料费用和加工费用。

1. 直接人工等加工费用的分配

直接人工等加工费用是随着加工进度陆续投入的,完工产品与月末在产品耗用的加工时间不同,因而负担的加工费用也应有所不同。直接人工等各项加工费用一般不应按完工产品数量与月末在产品数量的比例进行分配,而应按完工产品数量与月末在产品约当产量的比例进行分配。

(1)约当产量比例法的一般分配方法

约当产量比例法的计算公式为:

在产品约当产量＝在产品数量×完工百分比

$$某项加工费用分配率 = \frac{该项费用总额}{完工产品产量＋在产品约当产量}$$

完工产品该项费用＝完工产品产量×该项费用分配率

在产品该项费用＝在产品约当产量×该项费用分配率

或　　　　　　　＝该项费用总额－完工产品该项费用

【例4-4】 假定大正公司甲产品本月完工589件,月末在产品470件;完工产品每件耗用10小时,在产品每件耗用3小时,在产品完工程度为30%;月初在产品直接人工费用2 190元,本月发生直接人工费用8 760元。完工产品和月末在产品的直接人工费用应分配计算如下:

月末在产品约当产量＝470×30%＝141(件)

$$直接人工费用分配率 = \frac{2\ 190 + 8\ 760}{589 + 141} = 15$$

完工产品直接人工费用＝589×15 ＝ 8 835(元)

月末在产品直接人工费用＝141×15 ＝ 2 115(元)

从上例可以看出,在产品470件的约当产量为141件,也就是说,在产品470件所耗的时间(470×3 ＝ 1 410小时)相当于完工产品141件耗用的时间(141×10＝1 410小时)。在产品约当产量每件耗用的时间与完工产品每件耗用的时间相同,可以按照完工产品产量与在产品约当产量的比例分配费用。

从上例还可以看出,在产品完工程度的测定,对于费用分配的正确性有着决定性影响。在各工序在产品数量和单位产品在各工序的加工量都相差不多的情况下,后面各工序在产品多加工的程度可以抵补前面各工序少加工的程度。这样，全部在产品完工程度均可按 50％平均计算。如果不是这种情况，各工序在产品的完工程度就要按工序分别测定。

（2）在产品完工率的测定

为了提高产品成本计算的正确性，提高成本计算工作效率，可以根据各工序的累计工时定额占完工产品工时定额的比率，事前确定各工序在产品的完工率。在产品的完工率的计算公式为：

$$某道工序在产品完工率＝\frac{前面各道工序工时定额之和＋本工序工时定额×50％}{完工产品工时定额}$$

在上列公式中，本工序（即在产品所在工序）的工时定额乘以 50％，是因为该工序中各件在产品的完工程度也不同，为了简化完工率的测算工作，假定本工序的在产品是连续加工的，按平均完工 50％计算。

在产品从上一道工序转入下一道工序时，其上一道工序已经完工，因而前面各道工序的工时定额应按 100％计算。

【例 4-5】 假定大正公司乙产品的工时定额为 40 小时，经两道工序产成。这两道工序的工时定额分别为 24 小时和 16 小时。其完工率计算如下：

$$第一道工序完工率＝\frac{24×50％}{40}×100％＝30％$$

$$第二道工序完工率＝\frac{24＋16×50％}{40}＝100％＝80％$$

（3）按完工率计算约当产量分配费用

产品生产各工序的完工率确定以后，每月计算产品成本时，根据各工序的月末在产品数量和确定的完工率，即可计算各工序月末在产品的约当产量及其总数，据以分配费用。

【例 4-6】 假定上例大正公司乙产品各工序月末在产品数量为：第 1 道工序 1 100 件；第 2 道工序 2 300 件；完工产品 5 760 件。月初在产品和本月发生的制造费用共为 396 500 元。完工产品和月末在产品所应分配的制造费用计算如下：

第 1 道工序在产品约当产量＝1 100×30％＝330（件）

第 2 道工序在产品约当产量＝2 300×80％＝1 840（件）

月末在产品约当产量总数＝330＋1 840＝2 170（件）

$$制造费用分配率＝\frac{396\ 500}{5\ 760＋2\ 170}＝50$$

完工产品制造费用＝5 760×50 ＝ 288 000（元）

月末在产品制造费用＝2 170×50 ＝ 108 500（元）

2. 直接材料费用的分配

直接材料的投入与产品加工时间的耗费有所不同，因而直接材料费用的分配，应根据具体情况确定直接材料的投入程度,进而计算在产品按材料投入程度反映的约当产量,并按照完工产品产量和在产品约当产量比例分配直接材料费用。

(1)直接材料在生产开始时一次投入

前已说明,如果直接材料在生产开始时一次投入,则单位完工产品与单位在产品耗用的直接材料相同。也就是说,在产品直接材料的投入程度为100%,在产品数量即为完工程度为100%的约当产量。在这种情况下,直接材料费用可以按照完工产品产量和在产品数量的比例进行分配。

【例4-7】 假定前述大正公司甲产品所耗直接材料在生产开始时一次投入,月初在产品直接材料费用为8 470元,本月发生的直接材料费用为12 710元,完工产品589件,月末在产品470件。直接材料费用分配计算如下:

$$直接材料费用分配率 = \frac{8\ 470 + 12\ 710}{589 + 470} = 20$$

$$完工产品直接材料费用 = 589 \times 20 = 11\ 780(元)$$

$$月末在产品直接材料费用 = 470 \times 20 = 9\ 400(元)$$

(2)直接材料陆续投入,其投入程度与加工进度基本一致

如果直接材料是陆续投入,由于单位完工产品与单位在产品所耗用的直接材料不一致,则不能按照完工产品产量与月末在产品数量的比例分配直接材料费用。在这种情况下,应确定在产品的投料程度,即在产品按照直接材料投入量反映的完工程度,进而计算在产品约当产量,并按照完工产品产量和在产品约当产量的比例分配直接材料费用。

在产品直接材料投入量反映的完工程度,一般应按直接材料消耗定额计算,其计算方法与按工时定额计算完工程度的方法相同。

$$某道工序在产品投料程度 = \frac{前面各道工序材料消耗定额之和 + 本工序材料消耗定额 \times 50\%}{完工产品材料消耗定额}$$

在直接材料投入进度与加工进度一致或基本一致的情况下,按材料消耗定额计算的在产品完工程度与按工时定额计算的在产品完工程度相同或基本相同,因而为了简化产品成本计算工作,可按完工产品产量和以加工程度为标准计算的在产品约当产量的比例分配直接材料费用。

【例4-8】 假定前述大正公司乙产品的直接材料投入为:第1道工序材料消耗定额48千克,第2道工序材料消耗定额32千克,与加工进度完全一致(第1道工序工时定额24小时,第2道工序工时定额16小时,即每加工1小时,投入2千克直接材料)。按材料消耗定额计算的在产品完工率为:

$$第1道工序投料程度 = \frac{48 \times 50\%}{80} \times 100\% = 30\%$$

$$第2道工序投料程度 = \frac{48 + 32 \times 50\%}{80} \times 100\% = 80\%$$

上述计算结果，与按工时定额计算的结果完全相同。假定月初在产品和本月发生的直接材料费用共为 634 400 元，按完工产品产量（5 760 件）和前述按工时定额计算的在产品约当产量（2 170 件）分配直接材料费用如下：

$$直接材料费用分配率 = \frac{634\ 400}{5\ 760 + 2\ 170} = 80$$

完工产品直接材料费用 = 5 760 × 80 = 460 800（元）

月末在产品直接材料费用 = 2 170 × 80 = 173 600（元）

（3）直接材料陆续投入，其投入程度与加工进度不一致

在直接材料投入程度与加工进度不一致的情况下，按材料消耗定额确定在产品完工程度与按工时定额确定的在产品完工程度不一致，因而需要单独确定按材料消耗定额计算的在产品完工程度和在产品约当产量，据以分配直接材料费用。

【例 4-9】 假定前述大正公司乙产品的直接材料投入为：第 1 道工序材料消耗定额 32 千克，第 2 道工序材料消耗定额 48 千克，与加工进度不一致（第 1 道工序工时定额 24 小时，第 2 道工序工时定额 16 小时）。按材料消耗定额计算的在产品完工程度为：

$$第 1 道工序投料程度 = \frac{32 × 50\%}{80} × 100\% = 20\%$$

$$第 2 道工序投料程度 = \frac{32 + 48 × 50\%}{80} × 100\% = 70\%$$

大正公司乙产品各工序月末在产品数量为：第 1 道工序 1 100 件，第 2 道工序 2 300 件，完工产品 5 760 件。月初在产品和本月发生的直接材料费用共 637 560 元。完工产品和月末在产品所应分配的直接材料费用计算如下：

第 1 道工序在产品约当产量 = 1 100 × 20% = 220（件）

第 2 道工序在产品约当产量 = 2 300 × 70% = 1 610（件）

月末在产品约当产量总数 = 220 + 1 610 = 1 830（件）

$$直接材料费用分配率 = \frac{637\ 560}{5\ 760 + 1\ 830} = 84$$

完工产品直接材料费用 = 5 760 × 84 = 483 840（元）

月末在产品直接材料费用 = 1 830 × 84 = 153 720（元）

（4）直接材料分工序在每工序开始时一次投入

在直接材料分工序在每工序开始时一次投入的情况下，按材料消耗定额确定的在产品完工程度与按工时定额确定的在产品完工程度也不一致，因而也需要单独确定按材料消耗定额计算的在产品完工程度和在产品约当产量，据以分配直接材料费用。

如果直接材料分工序在每工序开始时一次投入，则每一工序内，不论在产品加工程度如何，其所耗用的直接材料与该工序完工产品耗用直接材料相同，因而在计算该工序在产品完工程度时，材料消耗定额不需要按 50% 计算。在产品完工程度的计算公

成本会计

式为：

$$某道工序在产品投料程度=\frac{前面各道工序材料消耗定额之和+本工序材料消耗定额}{完工产品材料消耗定额}$$

【例4-10】 假定大正公司丙产品的材料消耗定额为80千克,经两道工序完成。这两道工序的材料消耗定额分别为32千克和48千克,直接材料在每道工序开始时一次投入。其完工率计算如下：

第1道工序投料程度$=\frac{32}{80}\times100\%=40\%$

第2道工序投料程度$=\frac{32+48}{80}\times100\%=100\%$

大正公司丙产品月末各工序在产品数量为：第1道工序600件,第2道工序260件；完工产品1 300件,月初在产品和本月发生的直接材料费用共162 000元。完工产品和月末在产品所应分配的直接材料费用计算如下：

第1道工序在产品约当产量$=600\times40\%=240$(件)

第2道工序在产品约当产量$=260\times100\%=260$(件)

月末在产品约当产量总数$=240+260=500$(件)

直接材料费用分配率$=\dfrac{162\ 000}{1\ 300+500}=90$

完工产品直接材料费用$=1\ 300\times90=117\ 000$(元)

月末在产品直接材料费用$=500\times90=45\ 000$(元)

如果月末在产品已经接近完工,为了简化产品成本计算工作,月末在产品数量可以视为完工程度为100%的约当产量,将各项生产费用按照完工产品产量与月末在产品数量的比例进行分配,计算完工产品成本和月末在产品成本。

【例4-11】 假定某种产品的月初在产品和本月发生的各项费用的累计数为：直接材料费用40 080元,直接人工费用10 320元,制造费用18 720元。本月完工产品175件,月末在产品65件,在产品加工完毕,只是尚未包装、验收,可以视同完工产品分配各项费用。其分配计算如下(见表4-2)。

表4-2　　　　　　　　　　　　　　　　　　　　　　单位:元

成本项目	生产费用累计	费用分配率	完工产品		月末在产品	
			数量(件)	费　用	数量(件)	费　用
直接材料	40 080	167		29 225		10 855
直接人工	10 320	43		7 525		2 795
制造费用	18 720	78		13 650		5 070
合　　计	69 120	288	175	50 400	65	18 720

上列各项费用分配率,应根据各该费用的累计数,除以完工产品数量与月末在产品数量之和计算。以各项费用分配率分别乘以完工产品数量和月末在产品数量,即为

各该费用的完工产品费用和月末在产品费用。

五、在产品按定额成本计价法

（一）在产品按定额成本计价法的适用条件

在产品按定额成本计价法适用于各项消耗定额或费用定额比较准确、稳定，而且各月末在产品数量变化不是很大的产品。这是因为：

1. 产品的各项消耗定额或费用定额比较准确，因而月初和月末产品成本脱离定额差异不会大。由于各月末在产品数量变化不是很大，因而月初在产品成本脱离定额的差异总额与月末在产品成本脱离定额差异总额的差额也不会很大。因此，月末在产品不计算成本差异，这些差异全部计入完工产品成本，对完工产品成本的影响不大，为了简化成本计算工作，可以这样分配费用。如果各月在产品数量变化很大，月初、月末在产品成本脱离定额差异全部计入完工产品成本，将会影响完工产品成本计算的正确性，在这种情况下，应采用定额比例法（后面述及）。

2. 在修订消耗定额的月份，月末在产品应按新的定额成本计算，产品的全部生产费用减去按新的定额成本计算的在产品成本以后的余额，全部作为完工产品的成本。也就是说，完工产品成本中包括了月末在产品按新的定额成本计价所发生的差额，不利于完工产品成本的分析和考核。例如某种产品的月初在产品成本和本月发生生产费用计为 23 000 元，该月由于消耗定额降低，其月末在产品定额成本由 4 000 元降为 2 500元，因而完工产品成本由 19 000（23 000－4 000）元，提高为 20 500（23 000－2 500）元，上升 1 500（4 000－2 500）元。而上述完工产品成本的提高不是由于当月生产耗费超支（当月不好的因素）的结果，而是由于以前月份生产技术进步、操作熟练程度提高等原因致使本月消耗定额降低（以前月份好的因素）的结果。而要对完工产品成本进行正确地分析和评价，必须对月末在产品按新旧两种定额成本进行计价，并计算两者的差额（例如上列 1 500 元）。这要增加成本核算和分析的工作量。因此，采用在产品按定额成本计价法，产品的各项消耗定额还必须比较稳定，也就是不需要经常修订消耗定额。

（二）在产品按定额成本计价法的特点

采用在产品按定额成本计价法，月末在产品成本按定额成本计算，该种产品的全部费用（如果有月初在产品，包括月初在产品成本在内）减去按定额成本计算的月末在产品成本，余额作为完工产品成本；每月生产费用脱离定额的节约差异或超支差异全部计入当月完工产品成本。

【例 4-12】 假定前述大正公司 3 月份甲产品完工 200 件，月末在产品 80 件，每件在产品的直接材料费用定额为 680 元。根据原始记录汇总，月末在产品所耗定额工时共为 2 100 小时，每小时的直接人工费用定额为 2 元，燃料及动力费用定额为 9 元，制造费用定额 8 元。应编制月末在产品定额成本计算表如下（见表4-3）。

表 4-3　月末在产品定额成本计算表

大正公司 　　　　　　　　　　　20××年3月 　　　　　　　产品:甲产品　单位:元

成本项目	在产品件数或定额工时	每件或每时	定额费用
直接材料	80 件	680	54 400
直接人工	2 100 小时	2	4 200
燃料及动力	2 100 小时	9	18 900
制造费用	2 100 小时	8	16 800
定额成本合计	/	/	94 300

在上列月末在产品定额成本计算表中,将在产品的件数和定额工时数,分别乘以每件或每小时的费用定额,即为月末在产品的各项定额费用,这些定额费用之和,即为月末在产品定额成本。应该根据上表所列月末在产品定额成本计入前列大正公司甲产品成本明细账。将该产品成本明细账中的费用累计数(即月初在产品成本与本月生产费用之和),减去上列月末在产品定额成本,即为甲产品的完工产品成本,再除以产量(200 件),即为该种完工产品的单位成本。

六、定额比例法

(一)定额比例法的适用条件

定额比例法适用于各项消耗定额或费用定额比较准确、稳定,但各月末在产品数量变动较大的产品。这是因为,月初和月末在产品成本脱离定额的差异虽然由于产品的消耗定额或费用定额比较准确,稳定而不大,但由于各月末在产品数量变化较大,因而月初在产品成本脱离定额差异总额与月末在产品成本脱离定额差异总额的差额会较大。如果仍采用在产品按定额成本计价法,将月初、月末在产品成本脱离定额差异总额的差额计入完工产品成本,会对完工产品成本的正确性产生较大的影响。

(二)定额比例法的特点

采用定额比例法,产品的生产费用在完工产品与月末在产品之间按照两者的定额消耗量或定额费用比例分配。其中直接材料费用,按直接材料的定额消耗量或定额费用比例分配。直接人工等加工费用,可以按各该定额费用的比例分配,也可按定额工时比例分配。由于加工费用的定额费用一般根据定额工时乘以每小时的各该费用定额计算,因而这些费用一般按定额工时比例分配,以节省各该定额费用的计算工作。

采用定额比例法时,如果直接材料费用按定额直接材料费用比例分配,各项加工费用都按定额工时比例分配,则其分配计算的公式为:

$$费用分配率=\frac{月初在产品成本+本月生产费用}{完工产品定额直接材料费用或定额工时+月末在产品定额直接材料费用或定额工时}$$

上列以定额直接材料费用为分母算出的费用分配率,是直接材料费用分配率,以定额工时为分母算出的费用分配率,是各项加工费用的分配率。

完工产品直接材料费用＝完工产品定额直接材料费用×直接材料费用分配率

月末在产品直接材料费用＝月末在产品定额直接材料费用
×直接材料费用分配率

完工产品某项加工费用＝完工产品定额工时×该项加工费用分配率

月末在产品某项加工费用＝月末在产品定额工时×该项加工费用分配率

【例 4-13】 假定大正公司乙产品采用定额比例法分配计算完工产品成本和月末在产品成本。其中直接材料费用按其定额费用比例分配,其他各项费用都按其定额工时比例分配。3 月份完工产品产量为 250 件,其直接材料费用定额为 655 元,定额直接材料费用为 163 750(即 250×655)元;其工时定额为 27 小时,定额工时为 6 750(即 250×27)小时,月末在产品 50 件,直接材料在生产开始时一次投入,因而其直接材料费用定额与完工产品相同,也是 655 元,其定额直接材料费用为 32 750(即 50×655)元,其定额工时共为 550 小时。根据上列各项资料,以及该厂乙产品成本明细账所记各项费用累计数,应编制完工产品与月末在产品费用分配表如下(见表 4-4)。

表 4-4　完工产品与月末在产品费用分配表

大正公司　　　　　　　　　　20××年 3 月　　　　　　　产品:乙产品　单位:元

成本项目		直接材料	直接人工	燃料及动力	制造费用	成本合计
月初和本月生产费用累计		200 430	14 454	70 810	56 210	341 904
费用分配率		1.02	1.98	9.7	7.70	—
完工产品费用	定额	163 750	6 750 时	—	—	—
	实际	167 025	13 365	65 475	51 975	297 840
月末在产品费用	定额	32 750	550 时	—	—	—
	实际	33 405	1 089	5 335	4 235	44 064

在上列完工产品与月末在产品费用分配表中,生产费用累计数应根据大正公司乙产品成本明细账填列;各项费用分配的算式为:

$$直接材料费用分配率＝\frac{200\ 430}{163\ 750＋32\ 750}＝1.02$$

完工产品直接材料费用＝163 750×1.02 ＝ 167 025(元)

月末在产品直接材料费用＝32 750×1.02 ＝ 33 405(元)

$$直接人工费用分配率＝\frac{14\ 454}{6\ 750＋550}＝1.98$$

完工产品直接人工费用＝6 750×1.98＝13 365(元)

月末在产品直接人工费用＝550×1.98＝1 089(元)

其他费用分配的算式可类推。大正公司乙产品成本明细账中的完工产品成本和月末在产品成本,就是根据此列完工产品与月末在产品费用分配表登记的。

工业企业完工产品经产成品仓库验收入库以后,其成本应从"生产成本——基本生产成本"总账科目和所属产品成本明细账的贷方,转入"库存商品"科目的借方。"生产成本——基本生产成本"总账科目的月末余额,就是基本生产在产品的成本,也就是占用在基本生产过程中的生产资金,应与所属各种产品成本明细账中月末在产品成本之和核对相符。

根据大正公司甲、乙两种产品成本明细账所记完工产品(产成品)的成本和产量资料(甲产品费用分配方法与乙产品相同),应编制产成品成本汇总表如下(见表4-5)。

表 4-5　产成品成本汇总表

大正公司　　　　　　　　　　　　20××年3月　　　　　　　　　　　　单位:元

应借科目	产成品名称	产量(件)	总成本或单位成本	直接材料	直接人工	燃料及动力	制造费用	成本合计
库存商品	甲	200	总成本	135 760	11 466	54 722	47 518	249 466
			单位成本	678.80	57.33	273.61	237.59	1 247.33
	乙	250	总成本	167 025	13 365	65 475	51 975	297 840
			单位成本	668.10	53.46	261.90	270.90	1 191.36
成本合计		×	总成本	302 785	24 831	120 197	99 493	547 306

根据上列产成品成本汇总表,应编制下列会计分录:

借:库存商品　　　　　　　　　　　　　　　　547 306

　　贷:生产成本——基本生产成本　　　　　　　547 306

通过以上所述生产费用在完工产品与月末在产品之间纵向的分配和归集,前述第五方面费用界限的划分已经完毕。

练 习 题

一、名词解释

1. 广义在产品

2. 约当产量

二、填空题

1. 本月完工产品成本=_____+_____-_____。

2. 不计算在产品成本法适用于月末在产品数量_____的产品。

3. 采用约当产量比例法,应将_____按照完工程度折算为相当于完工产品的产量,即约当产量,然后按照_____与_____的比例分配计算完工产品成本和月末在产品成本。

4. 采用在产品按定额成本计价法分配生产费用时,将月初、月末在产品费用脱离定额差异全部计入_____。

5. 采用定额比例法,产品的生产费用在完工产品与月末在产品之间按照两者的_____与_____分配。

三、单项选择题

1. 各月月末在产品数量很少的产品,生产费用在完工产品与在产品之间分配宜采用 (　　)
   A. 不计算在产品成本法　　　　　　B. 在产品按固定成本计价法
   C. 在产品按直接材料费用计价法　　D. 在产品按定额成本计价法

2. 某种产品需经过三道工序加工而成,第 1－3 道工序的工时定额分别为 20 小时,16 小时,10 小时;则第 3 道工序的完工程度为 (　　)
   A. 5%　　　　　　B. 89.13%　　　　　　C. 21.74%　　　　　　D. 60.87%

3. 某种产品全部生产费用减去按所耗直接材料费用计算的在产品成本,就可以计算出完工产品的成本。则这种产品的生产费用在完工产品与在产品之间的分配方法是 (　　)
   A. 在产品按定额成本计价法　　　　B. 定额比例法
   C. 约当产量比例法　　　　　　　　D. 在产品按所耗直接材料费用计价法

四、多项选择题

1. 生产费用在完工产品与在产品之间分配的方法有 (　　)
   A. 约当产量比例法　　　　　　　　B. 定额比例法
   C. 计划成本比例法　　　　　　　　D. 不计算在产品成本法

2. 采用约当产量比例法在完工产品与月末在产品分配生产费用时应具备的条件是 (　　)
   A. 月末在产品数量较多　　　　　　B. 各月在产品数量变动不大
   C. 各月在产品数量变化较大
   D. 产品成本中直接材料费用和直接人工等加工费用的比重相差不多

3. 选择生产费用在完工产品与在产品之间分配方法应考虑的因素有 (　　)
   A. 在产品数量的多少　　　　　　　B. 各月在产品数量变化的大小
   C. 各项费用比重的大小　　　　　　D. 定额管理基础的好坏

五、判断题

1、在直接材料投入进度与加工进度一致或基本一致的情况下,可按完工产品产量和以加工程度为标准计算在产品约当产量的比例分配直接材料费用。 (　　)

2. 采用定额比例法时,月初月末在产品成本脱离定额的差异全部记入完工产品成本。 (　　)

3. "生产成本——基本生产成本"账户的月末余额,就是基本生产在产品的成本,应与所属各种产品成本明细账中月末在产品成本之和核对相符。 (　　)

4. 在产品完工率的计算公式为:

$$某工序在产品完工率 = \frac{前面各道工序工时定额之和＋本工序工时定额}{完工产品工时定额}。$$ (　　)

六、简答题

1. 在产品按所耗直接材料费用计价法在什么条件下适用?

2. 定额比例法在什么条件下适用?为什么?

七、计算与核算题

练习一

（一）目的：练习在产品按所耗直接材料费用计价法分配生产费用。

（二）资料：某工业企业生产 A 产品，月初在产品直接材料费用为 7 300 元，本月发生直接材料费用 10 700 元，直接人工等加工费用共为 2 000 元。本月完工产品 150 件，月末在产品 50 件。直接材料是在生产开始时一次投入的。

（三）要求：采用在产品按所耗直接材料费用计价法计算完工产品总成本和月末在产品成本。

练习二

（一）目的：练习在产品按定额成本计价法分配生产费用

（二）资料：

1. 某工厂生产甲产品，其各项定额为：每件在产品的直接材料费用定额为 500 元，据原始记录汇总，月末在产品所耗定额工时共为 3 200 小时，每小时的直接人工费用定额为 4 元，燃料及动力费用定额为 10 元，制造费用定额为 8 元。

2. 本月甲产品完工 400 件，月末在产品 100 件。月初在产品和本月生产费用合计为：直接材料费用 857 000 元，直接人工费用 120 000 元，燃料及动力费用 80 000 元，制造费用 53 000 元。

（三）要求：采用产品按定额成本计价法计算本月完工产品成本和月末在产品成本。

练习三

（一）目的：练习约当产量比例法分配生产费用

（二）资料：某工业企业生产乙产品，需经过三道工序连续加工而成，直接材料在生产开始时一次投入，有关资料如下：

（1）乙产品本月完工 100 件，在产品 380 件，第 1－3 道工序的工时定额及期末在产品结存量资料如下（各工序内平均完工程度按 50％计算）：

工 序	工时定额（工时）	在产品结存量（件）
1	20	100
2	30	200
3	50	80
合 计	100	380

（2）乙产品的月初在产品成本和本月费用资料如下：

单位：元

成本项目	直接材料	直接人工	制造费用	合 计
月初在产品成本	9 480	2 340	3 060	14 880
本月费用	11 400	3 504	4 200	19 104
合 计	20 880	5 844	7 260	33 984

（三）要求：根据以上资料采用约当产量比例法计算完工产品成本和月末在产品成本。

练习四

（一）目的：练习定额比例法分配生产费用

（二）资料：某企业生产 B 产品，其完工产品与在产品费用分配表中部分资料如下：

完工产品与月末在产品费用分配表

××企业　产品：B产品　　　　　　　20××年10月　　　　　　　　　　单位：元

成本项目		直接材料	直接人工	制造费用	成本合计
月初和本月生产费用累计		201 150	14 271	29 320	244 741
费用分配表					×
完工产品费用	定额	170 000 元	11 000 小时	—	×
	实际				
月末在产品费用	定额	30 000 元	4 000 小时	—	×
	实际				

（三）要求：采用定额比例法分配计算完工产品成本和月末在产品成本（直接材料按定额费用比例分配，其他费用按定额工时比例分配），并完成上表填制。

第五章

产品成本计算方法的确定

第一节　生产特点与管理要求对产品成本计算方法的影响

产品成本计算方法是指将一定时期所发生的生产费用对象化到各产品上,以求得各产品总成本的方法。而产品成本计算的过程,就是按照一定的成本计算对象归集、分配生产费用的过程,可见产品成本计算对象的确定是成本计算的重要前提条件。影响成本计算对象的因素有两个:一是生产类型的特点,二是管理的要求。因此,每一个生产企业在计算产品成本时,都要根据自己的生产特点和管理要求来确定具体的成本计算方法。

一、企业生产特点对产品成本计算方法的影响

工业企业生产按不同的生产标准,可以分为不同的生产类型。

（一）企业生产的分类

1. 生产按工艺过程的特点分类

工业企业的生产按照工艺过程划分,可以分为单步骤生产和多步骤生产两种类型。

单步骤生产是指生产过程在工艺上不能间断,或者不便于分散在几个不同地点的生产,如发电、采掘、燃气生产及铸铁等。单步骤产品生产周期一般较短,生产过程中间没有自制的半成品产出。

多步骤生产是指生产过程在工艺上可以间断,可以分散在不同时间、地点进行的产品生产。多步骤生产又可以按劳动对象的加工程序划分为连续加工式生产和平行加工式生产。

连续加工式生产是指原材料投入后按顺序经过若干步骤的逐步加工制成产成品的生产。这种生产方式除了最后步骤生产出完工产品外,其余步骤生产的产品完工后都是企业自制的半成品,这些半成品主要是用于下一步骤继续加工,直至最后加工成产成品。如棉纺织企业就是这种类型的多步骤生产。它在生产过程中,先将棉花经过

清棉、梳棉、并条、粗纺和细纺等步骤制成半成品棉纱,然后对棉纱经过络筒、整经、装纱、穿经和织造等步骤最后制成棉布。

平行加工生产(又称装配生产式)是指各种原材料投入到不同的加工部门制成所产产成品的各种零部件,再将零部件装配成产成品的生产。机械制造企业大都属于这种类型的多步骤生产。如自行车生产企业,就是将材料分别加工成车把、前叉、车架和车轮等零部件,然后组装成自行车。

2. 生产按组织方式分类

生产组织方式是指企业产品生产的专业化程度,即一定时期内产品生产的重复性。工业企业的生产按组织方式分类可以分为大量生产、成批生产和单件生产三种类型。

大量生产是指不断重复品种相同的产品生产。它的特点是陆续投入,陆续产出,不分批别,品种稳定、产量大。如冶金、纺织、造纸和酿酒等企业产品的生产。这类生产专业化程度高,一般要采用专用设备进行。

成批生产是指按规定的数量和规格进行批量生产,成批生产按每批生产的数量多少,又可分为大批生产和小批生产。大批生产的产品数量较大,通常在一段时期内连续不断地生产相同的产品,因而,其特点类似于大量生产,如服装生产企业、食品生产企业等;小批生产的产品批量较少,每批产品同时投产,往往也同时完工,如电梯生产企业等,它的特点类似于单件生产。

单件生产是指根据客户的要求,制作个别的、性质特殊的产品生产,如造船、大型机械设备制造等。其特点是:制造时间长,而且在较长时期内一般不重复生产相同品种的产品,产品的稳定性差,大多采用通用设备生产等。

要说明的是,上述两种分类不是孤立、相斥的,而是交融的,如大量成批生产既可以是单步骤生产,也可以是多步骤生产等。

(二)生产特点对产品成本计算方法的影响

由于成本计算方法决定于成本计算对象,因此,生产类型的特点对成本计算方法的影响主要表现在成本计算对象确定上。除此之外,它对生产费用计入产品成本的程序、成本计算期的确定以及生产成本在完工产品与在产品之间的分配方法等方面也产生影响。

1. 对成本计算对象的影响

成本计算对象主要取决于生产类型的特点。

在大量大批单步骤的生产中,由于不间断地重复生产同类产品,中间又没有自制半成品存在,因而只能以产品的品种作为成本计算对象来归集生产费用;而在大量大批多步骤生产中,由于各个步骤相对独立地生产半成品,生产费用完全可以按产品的生产步骤归集,因而就可以按各个加工步骤的产品作为成本计算对象,以计算各步骤半成品(最后步骤为产成品)的成本;至于单件或小批量生产,由于产品是以客户的订单或批别组织生产,因而就决定了可以按产品的订单或批别作为成本计算对象,以某订单或批别来归集生产费用,以计算各订单或各批别的产品总成本。

2. 对生产费用计入产品成本程序的影响

生产费用计入产品成本程序,是指产品生产过程中发生的各种耗费,经过一系列的归集与分配,最后汇总成产品成本的步骤和方法。

在单件生产情况下,成本计算对象就是该件产品,因而生产该产品所发生的全部生产费用都可以直接计入该产品成本。

在成批生产情况下,由于产品批别较多,产品生产所发生的生产费用,若能确定为生产某一批产品所发生的,则直接计入该批产品成本;若不能直接计入,则需要按一定标准分配计入各有关批别产品的成本。

在大量多步骤生产情况下,生产费用计入产品成本的程序比较复杂。如果是分步骤计算半成品成本,则各步骤生产中发生的生产费用除了分别归集到各步骤产品中之外,还要将上一步骤归集的半成品成本随着半成品的实物的转移而逐步结转到下步骤的产品成本中,直至累计到最后步骤,成为完工产品的成本。如果不需要计算各步骤半成品成本,则各生产步骤仅归集本步骤产品生产所发生的生产费用,并计算出由产成品负担的份额,最后组合成完工产品的成本。

3. 对成本计算期的影响

成本计算期,指的是生产费用计入产品成本所规定的起止时期。

在大量大批生产情况下,由于产品生产不间断进行,即不间断地投入也不间断地产出,在会计分期原则下,只能按月定期地计算产品成本,以满足分期计算损益的需要。这种成本计算期与会计报告期一致。

在小批或单件生产情况下,各批产品的生产周期往往不同,而且批量小,生产不重复或重复少,这样,宜按照各批产品的生产周期计算产品成本,成本计算期与产品的生产周期一致,但与会计报告期不同。

4. 对产品成本在完工产品与在产品之间分配方法的影响

在大量大批生产情况下,由于成本计算期与产品的生产周期不一致,每月末一般会有在产品存在,因而要将产品的生产成本采用适当的方法在完工产品与月末在产品之间划分。

在单件或小批量生产情况下,由于成本计算期与产品生产周期一致,什么时候产品完工,什么时候才计算完工产品的成本,因此,在每报告期末时,一般不需要将产品成本在完工产品与在产品之间分配。

二、管理要求对成本计算方法的影响

成本计算方法主要受企业生产特点的制约,但并不完全服从于生产特点。企业对成本管理的不同要求,对成本计算方法(主要是成本计算对象)的确定也会产生影响。

如在大量大批多步骤生产的企业,由于产品生产过程可以间断,并可分散在不同地点进行生产,这样客观上具备了按生产步骤计算半成品成本的条件。如果企业管理上要求分步骤计算各步骤所产产品的成本,以提供半成品成本资料,那么成本计算对象就可确定为各加工步骤的半成品和最后步骤的产成品;但如果管理上不要求提供半成品的成本,那么尽管这种生产具备了按步骤计算产品成本的条件,也不以各步骤的半成品作为成本计算对象,而以最终产品作为计算对象。再如,在确定单件小批生产的产品成本计算对象时,可以根据经济、合理地组织生产和便于管理的要求,对客户的订单作适当的归并或细分,按重新组织的生产批别作为成本计算对象。

第二节　产品成本计算的主要方法

一、产品成本计算的基本方法

如上所述,产品成本计算方法受企业生产类型的特点和管理要求影响。具体地说,生产类型的不同特点和不同的管理要求决定着产品成本的计算对象、成本计算期和生产费用在完工产品与在产品之间的分配方法;不同的成本计算对象、成本计算期和生产费用在完工产品与在产品之间分配方法相互结合,形成了工业企业产品成本计算的不同方法。但其中起决定因素的是成本的计算对象,成本计算对象是区别不同成本计算方法的主要标志。从上节可知,产品成本的计算对象一般为产品品种、产品的批别和生产步骤三种,因而产品成本计算的基本方法也就有品种法、分批法和分步法三种。

这三种方法的基本特点简单列示如表 5-1。

表 5-1　产品成本计算基本方法的特点

成本计算方法	成本计算对象	成本计算期	期末在产品成本的计算	适用范围	
				生产特点	成本管理要求
品种法	产品品种	按月计算,与会计报告期一致	单步骤生产一般不需要计算;多步骤生产一般需要计算	大量大批单步骤或多步骤生产	管理上不要求分步计算产品成本
分批法	产品批别	不定期计算,与生产周期一致	一般不需要计算	单件小批单步骤或多步骤生产	管理上不要求分步计算成本
分步法	产品品种及其所经过的步骤	按月计算,与会计报告期一致	需要计算	大量大批多步骤生产	管理上要求分步计算成本

二、产品成本计算的辅助方法

在实际工作中,由于产品生产情况复杂多样,企业管理条件存在差异,为了简化成本计算工作或较好地利用管理条件,还可采用一些其他的成本计算方法,如分类法、定额法等。

分类法是为了适应一些企业产品品种规格繁多,成本核算工作量繁重的情况而设计的一种简化成本计算方法。它的基本特点是:以产品类别为成本计算对象,将生产费用先按产品的类别进行归集,计算各类产品成本,然后再按照一定的分配标准在类内各种产品之间分配,来计算各种产品的成本。它主要适用于产品的品种规格多,但每类产品的结构、所用原材料、生产工艺过程都基本相同的企业。

定额法是在定额管理基础较好的企业,为了加强生产费用和产品成本的定额管理,加强成本控制而采用的成本计算方法。它的基本特点是:以产品的定额成本为基础,加上或减去脱离定额差异以及定额变动差异来计算产品的实际成本。它适用于管理制度比较健全、定额管理基础工作较好、产品生产定型和消耗定额合理且稳定的企业。

分类法和定额法从计算产品实际成本的角度来说,不是必不可少的,因而通称为辅助方法。这些辅助方法必须结合基本方法使用。

三、各种产品成本计算方法的综合应用

尽管上面介绍的几种成本计算方法都有各自的适用范围,但在实际的工作中,一个企业实际采用的成本计算方法往往不只是其中某一种方法。例如一个企业的各个生产车间,一个生产车间的各种产品,它们的生产特点和管理要求并不相同,这就会在一个企业或车间中同时采用几种不同的方法,或把几种不同的成本计算方法结合起来加以综合应用。

(一)几种成本计算方法同时采用

在工业企业里,一般既设有基本生产车间来生产企业的产品,又设有辅助生产车间为基本生产车间或其他部门提供工具或劳务。基本生产车间生产的产品要计算成本,辅助生产车间生产的工具或劳务等也要计算成本,但基本生产车间和辅助生产车间在生产特点和管理要求上会有不同,采用的成本计算方法也就会不同。例如钢铁生产企业的炼铁、炼钢和轧钢,属于大量大批的多步骤生产,而且各步骤所产的半成品可以对外出售,因此,所产产品要采用分步法计算产品的成本;而设立辅助生产车间则为基本生产部门制造工具模具等,一般属于小批单件生产,所产产品则可采用分批法计算成本。再如,在一个基本生产车间或企业生产几种产品,其中,有的已经定型,开始大量大批生产,那么对这些产品就可以采用品种法或分步法计算成本;有的是非定型产品,尚在试制过程中,属于小批单件生产,则应采用分批法计算成本。

（二）几种成本计算方法结合运用

在有的工业企业,除同时采用几种成本计算方法外,还会有以一种成本计算方法为主,结合其他成本计算方法的某些特点加以综合采用的情况。例如在单件小批生产的机械产品企业中,其产品的主要生产过程是由铸造、机械加工、装配等相互关联的各个生产阶段所组成,其最终产品应采用分批法进行成本计算;但从各个生产步骤看,由于其特点和管理要求不同,计算方法就有所不同。如在铸造阶段,由于品种少并可直接对外出售,可采用品种法进行成本计算;从铸造到加工阶段,由于是连续或多步骤生产,因而就可以采用分步法计算成本。

成本计算的分类法和定额法,作为成本计算的辅助方法,它们与生产类型的特点没有直接的联系,可以适用于各种类型的生产,但必须与各该类型生产中所采用的基本成本计算方法结合起来应用。例如皮鞋制造企业,由于品种、规格较多,可以按照一定标准分为若干类别,因而就可以在所采用的基本计算方法基础上,结合采用分类法计算产品成本;又如,在大量大批生产的多步骤生产的机械制造企业中,如果定额管理的基础较好,那么就可以在采用分步法的基础上结合定额法计算产品成本。

企业生产情况复杂,管理要求多样,所采用的成本计算方法也是多种多样的。学习时应重点掌握基本方法特别是典型方法——品种法的基本原理。应用时,则需结合不同的生产特点和管理要求,并考虑企业规模大小和管理水平高低等实际情况,灵活加以应用,切勿不从实际出发死搬硬套某种成本计算方法。但成本计算方法(包括成本核算对象、成本项目)一经确定,不得随意变更。如需变更,应根据管理权限,经股东大会、董事会,或经理(厂长)会议或类似机构批准,并在会计报表附注中予以说明。

练习题

一、填空题

1. 工业企业的生产按照生产组织划分,可以分为_____、_____和_____三种类型。

2. 工业企业的生产按照工艺过程划分,可分为_____和_____两种类型。

3. 生产工艺过程对产品成本计算的影响是:单步骤大量生产,只要求按_____计算成本;管理上需要提供各生产步骤成本的多步骤大量生产不仅要求按_____计算成本,而且还要按_____计算成本。

4. 各种产品成本计算方法的划分是以_____为标志。

5. 产品成本计算品种法的适用范围,从生产组织来说,是_____生产;从工艺工程来说,是_____生产。

二、单项选择题

1. 下列各项中,属于产品成本计算辅助方法的是　　　　　　　　　　　　　（　　）

　　A. 品种法　　　　　B. 分批法　　　　　C. 分步法　　　　　　D. 分类法

2. 下列各项中,属于各种产品成本计算方法都必须提供的是　　　　　　　　（　　）

A. 按品种反映的产品成本　　　　　B. 按批别反映的产品成本

C. 按生产步骤反映的产品成本　　　D. 按计划反映的产品成本

3. 区分各种产品成本计算基本方法的标志是　　　　　　　　　　　　　（　　）

A. 成本计算期间　　　　　　　　　B. 成本计算对象

C. 间接计入费用的分配方法　　　　D. 在产品成本的计价方法

4. 下列各项中,被称为最基本的成本计算方法是　　　　　　　　　　　（　　）

A. 品种法　　　　B. 分批法　　　　C. 分步法　　　　D. 分类法

三、多项选择题

1. 工业企业的生产按照工艺过程划分,可以分为　　　　　　　　　　　（　　）

A. 大量生产　　　　B. 成批生产　　　　C. 单步骤生产　　　　D. 多步骤生产

2. 产品成本计算的基本方法包括　　　　　　　　　　　　　　　　　　（　　）

A. 品种法　　　　B. 约当产量法　　　　C. 分批法　　　　D. 分步法

3. 产品成本计算的辅助方法包括　　　　　　　　　　　　　　　　　　（　　）

A. 品种法　　　　B. 分类法　　　　C. 分批法　　　　D. 定额法

四、判断题

1. 单件生产也可以说是小批生产,按件计算产品成本,也可以说是按批计算产品成本　（　　）

2. 不论什么工业企业,不论什么生产类型的产品,也不管要求如何,最终都必须按照产品品种计算出产品成本　　　　　　　　　　　　　　　　　　　　　　　　　　　　　（　　）

3. 无论是大批生产还是小批生产,其在管理上均要求按照产品的批别计算成本　　（　　）

五、简答题

简述生产组织和管理要求对产品成本计算的影响。

第六章

产品成本计算的品种法

第一节　品种法的特点及适用范围

一、品种法的特点

品种法是以产品品种作为成本计算对象来归集生产费用，计算产品成本的方法。品种法是产品成本计算方法中的最基本方法。因为，不论什么特点的工业企业，不论什么类型的产品生产，也不论管理要求如何，最终都必须按照产品品种算出产品成本。品种法特点主要表现在以下三个方面：

1. 以产品品种作为成本计算对象，并据以设置产品成本明细账归集生产费用，计算产品成本。

以品种法为成本计算方法的企业，往往是大量大批重复生产一种或几种产品。在只生产一种产品的企业，只需以这一产品开设生产成本明细账（也可以用产品成本计算单替代）并按成本项目开设专栏。由于这种情况下发生的各项生产费用都是直接费用，因而直接将其计入产品成本计算单中的有关栏目。如果企业生产的产品不止一种，则需要按每一种产品分别开设若干张产品成本计算单，并按成本项目开设专栏。发生直接费用直接计入产品成本计算单中有关栏目，而对几种产品共同发生的费用，则分配计入各产品成本计算单的有关栏目。

2. 成本计算期与会计报告期一致，即按月定期计算产品成本。

大量大批生产的企业，其生产是连续不断进行的，不可能在产品生产完工时就计算出产品成本，只能定期在月末计算当月产出的完工产品成本。从而成本计算期与会计报告期一致，但与产品生产周期不一致。

3. 月末一般有完工产品和在产品之间的成本分配。

在大量大批生产的企业，由于产品是不断地产出，而成本计算期又是固定的，因此，在月末计算成本时，既会有完工产品，又会有在产品，那应将本期累计的生产费用在完工产品和在产品之间分配。但如果企业产品生产工艺过程是单步骤且品种单一，生产周期短,月末没有在产品或在产品很少,则可以不计算在产品成本,这种情况下的品种法,也称单一法、简单法或简化的品种法。

二、品种法的适用范围

品种法适用大量大批生产的单步骤生产,例如发电、采煤等。在大量大批生产的多步骤生产中,如果生产规模小,或者车间是封闭式的(从原材料投放到产品出产的全部生产过程,都在一个车间内进行),或者生产是按流水线组织的,管理上不要求按照生产步骤计算产品成本,也可以采用品种法计算产品成本。例如小型水泥厂,虽然是多步骤生产,但也是可以采用品种法计算产品成本。又如大量大批生产的铸件熔铸和玻璃制品的熔铸等,如果管理上不要求熔炼与铸造两个生产步骤计算成本,也可以采用品种法计算产品成本。此外,辅助生产的供水、供气、供电等单步骤的大量生产,也采用品种法计算成本。

第二节　品种法的计算程序

一、品种法的计算程序

品种法成本计算一般可分为以下三个程序:

1. 按产品品种设置明细账,按成本项目,如直接材料、直接人工、制造费用等设置专栏。如有上月末在产品的生产成本,应按成本项目记入本月期初在产品成本栏。

2. 根据各种费用分配表,将各项费用分别按产品品种计算各成本明细账中的有关成本项目,其中,直接费用,如生产产品直接耗用的原材料和生产工人的薪酬费等直接计入;间接费用,如车间(或分厂)组织和管理生产的各种费用,应先按其发生地点归集,记入"制造费用——×车间(分厂)"账户,月末再按适当方法分配计入。

3. 计算各种产品的总成本和单位成本。月末,将各种产品成本明细账中按成本项目汇集的各种产品的期初在产品成本和本期生产费用分别加总,求得合计,再采用适当方法计算和扣除在产品(如有在产品时)成本,就是各种完工产品的总成本,分别除以各自的完工产量,即为各种完工产品的单位成本。

品种法成本计算的一般程序如图6-1所示。

二、品种法举例

【例6-1】 设某厂有两个基本生产车间,第一车间生产甲、乙两种产品,第二车间生产丙产品。另设置一个机修车间为各车间、部门提供修理劳务。根据该厂生产工艺过程和生产组织的特点(属多步骤大量大批生产)和管理要求,采用品种法计算甲、乙、丙三种产品的成本。

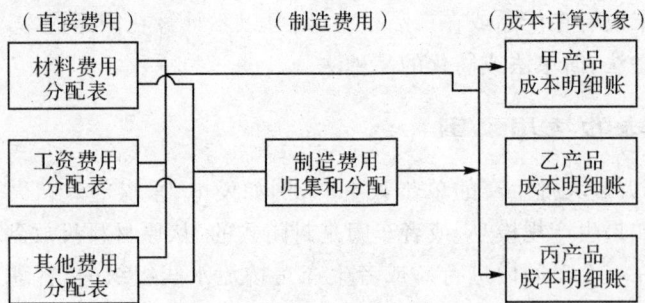

图 6-1 品种法成本计算一般程序

按照成本计算程序,该厂已按三种产品分别开设成本明细账,并将各产品上月末在产品成本分别按成本项目记入新开设成本明细账的"期初在产品"栏。甲、乙、丙三种产品成本明细账分别见表 6-11、6-12、6-13。现根据本月份有关成本计算资料,分别编制各种费用分配表,以便据以归集和计算各种产品的完工产品和月末在产品成本。凡企业管理部门和销售部门等耗用数,应分别记入"管理费用"和"销售费用"账户,在各种"分配表"中均予省略。

1. 根据领料单、限额领料单等有关凭证,按发生地点和用途编制材料费用分配表,见表 6-1。

表 6-1　材料费用分配表

20××年 3 月 31 日　　　　　　　　　　　　　　　单位:元

费用分配 产品 或部门	直接耗用材料	共同耗用材料					合计
		本月投放产量	单耗定额	定额耗用量	分配率	分配费用	
甲　产　品	26 000	1 200	3	3 600		3 456	29 456
乙　产　品	20 000	1 400	1	1 400		1 344	21 344
小　　计	46 000			5 000	0.96	4 800	50 800
丙　产　品	16 000						16 000
合　　计	62 000					4 800	66 800
第一车间合计	2 800						2 800
机物料	1 800						1 800
低值易耗品摊销	1 000						1 000
第二车间合计	1 600						1 600
机物料	700						700
低值易耗品摊销	900						900
机修车间合计	5 000						5 000
材料	3 000						3 000
机物料	600						600
低值易耗品摊销	1 400						1 400
合　　计	71 400					4 800	76 200

2. 根据本月应付工资额和职工福利费,编制职工工资及职工福利费分配表如表 6-2。

表 6-2 职工工资及职工福利费分配表

20××年 3 月 31 日　　　　　　　　　　　　　　单位:元

产品 或部门　　费用分配	生产工时	分配率	应付工资	职工福利费	合　计
甲 产 品	12 000		9 404	1 316	10 720
乙 产 品	8 000		6 270	878	7 148
小　　计	20 000	0.7837	15 674	2 194	17 868
丙 产 品	10 000		8 853	1 239	10 092
合　　计	30 000		24 527	3 433	27 960
第一车间			4 877	683	5 560
第二车间			3 502	490	3 992
机修车间			7 779	1 089	8 868
合　　计			40 685	5 695	46 380

3. 根据固定资产折旧计算表,编制折旧费用分配表,见表 6-3。

表 6-3 折旧费用分配表

20××年 3 月 31 日　　　　　　　　　　　　　　单位:元

产品 或部门　　费用分配	应计提折旧的 固定资产原值	应计提折旧额 (月分类折旧率 0.4%)
第 一 车 间	200 000	800
第 二 车 间	180 000	720
机 修 车 间	120 000	480
合　　计	500 000	2 000

4. 根据计量仪表确定的各车间、部门耗用量和应付(或已付)电费,计算分配电费并编制动力费用分配表,见表 6-4。

表 6-4 动力费用分配表

20××年 3 月 31 日　　　　　　　　　　　　　　单位:元

产 品 及 车 间 名 称		生产工时	分配率	分配额
生产用电	甲 产 品	12 000		2 400
	乙 产 品	8 000		1 600
	丙 产 品	10 000		2 000
	小　　计	30 000	0.20	6 000
照明用电	一 车 间			500
	二 车 间			400
	小　　计			900
机 修 车 间				300
合　　计				7 200

5. 各车间、部门为制造产品而发生的其他各种费用支出,根据银行付款凭证,并按费用发生地点和用途编制其他费用分配表,见表6-5。

表6-5 其他费用分配表

20××年3月31日　　　　　　　　　　　　单位:元

车间及部门	办公费	水费	劳保费	合计
第一车间	600	50	120	770
第二车间	400	36	80	516
机修车间	500	74	100	674
合计	1 500	160	300	1 960

6. 归集和分配辅助生产费用

(1)根据上述各项费用分配表及有关凭证,登记辅助生产明细账,如表6-6所示。

表6-6 辅助生产明细账

车间名称:机修车间　　　　20××年3月31日　　　　单位:元

年		凭证		摘要	材料	工资	职工福利费	折旧费	水电费	办公费	低值易耗品	机物料	劳动保护费	合计
月	日	字	号											
(略)		(略)		分配材料	3 000						1 400	600		5 000
				分配工资		7 779								7 779
				分配福利费			1 089							1 089
				分配折旧费				480						480
				分配动力费					300					300
				分配其他费用					74	500			100	674
				本月发生	3 000	7 779	1 089	480	374	500	1 400	600	100	15 322
				本月转出	3 000	7 779	1 089	480	374	500	1 400	600	100	15 322

(2)根据机修间为第一、第二生产车间提供的修理工时,分配辅助生产费用,如表6-7所示。

表6-7 辅助生产费用分配表

车间名称:机修车间　　　　20××年3月31日　　　　单位:元

分配费用	修理总工时	工时分配率	第一车间		第二车间	
			修理工时	分配费用	修理工时	分配费用
15 322	900	17.024444	600	10 215	300	5 107

注:分配费用取整数,整数后四舍五入。

7. 归集和分配制造费用

本厂基本生产车间分为两个封闭式的第一车间和第二车间。首先应根据上述各种费用分配表,分别按车间登记制造费用明细账,然后据以编制制造费用分配表来分配制造费用。由于第一车间生产甲、乙两种产品,故其制造费用尚须采用适当方法在甲、乙两种产品之间进行分配后,再分别记入甲、乙两种产品成本明细账的"制造费用"成本项目;第二车间由于只生产丙产品一种产品,故其制造费用可直接分配记入丙产品成本明细账的"制造费用"成本项目。

(1)分车间登记"制造费用明细账",如表6-8、6-9所示。

表6-8   制造费用明细账

车间名称:第一车间   20××年3月31日   单位:元

年		凭证号数	摘　要	工资	职工福利费	办公费	水电费	机物料	折旧费	修理费	低值易耗品摊销	劳动保护费	其他费用	合计
月	日													
(略)		(略)	分配耗用材料					1 800			1 000			2 800
			分配工资及福利费	4 877	683									5 560
			分配折旧费						800					800
			分配动力费				500							500
			分配其他费用			600	50					120		770
			分配机修车间费用							10 215				10 215
			本月发生	4 877	683	600	550	1 800	800	10 215	1 000	120	/	20 645
			本月转出	4 877	683	600	550	1 800	800	10 215	1 000	120	/	20 645

表6-9   制造费用明细账

车间名称:第二车间   20××年3月31日   单位:元

年		凭证号数	摘　要	工资	职工福利费	办公费	水电费	机物料	折旧费	修理费	低值易耗品摊销	劳动保护费	其他费用	合计
月	日													
(略)		(略)	分配耗用材料					700			900			1 600
			分配工资及福利费	3 502	490									3 992
			分配折旧费						720					720
			分配动力费				400							400
			分配其他费用			400	36					80		516
			分配机修车间费用							5 107				5 107
			本月发生	3 502	490	400	436	700	720	5 107	900	80	/	12 335
			本月转出	3 502	490	400	436	700	720	5 107	900	80		12 335

(2)根据"制造费用明细账"编制"制造费用分配表",如表6-10所示。

表 6-10　制造费用分配表

费用分配 产品或部门	生产工时	分配率	分配费用
第一车间甲产品 　　　乙产品	12 000 8 000		12 387 8 258
小　　　计	20 000	1.03225	20 645
第二车间丙产品	10 000		12 335
合　　　计	30 000		32 980

8. 计算完工产品和在产品成本

根据各种费用分配表及记账凭证,登记甲、乙、丙三种产品成本明细账。

甲、乙、丙三种产品分别采用约当产量法、在产品定额成本法、定额比例法,将生产费用合计在本月完工产品与月末在产品之间进行分配。三种产品均在生产开始时一次投料。其他有关资料分别在甲、乙、丙三种产品基本生产明细账的右上方或表中列示。各种产品的基本生产明细账分别如表 6-11、6-12 和 6-13 所示。

表 6-11　基本生产成本明细表

产成品数量:1 100 件

期末在产品数量:500 件

产品名称:甲产品　　　20××年 3 月 31 日　　在产品完工程度:60%　单位:元

年		凭证 号数	摘　　　要	直接材料	动力费	直接人工	制造费用	合　　计
月	日							
			期初在产品成本	8 144	400	1 880	3 013	13 437
		(略)	分配耗用材料	29 456				29 456
			分配工资及福利费			10 720		10 720
			分配动力费		2 400			2 400
			分配制造费用				12 387	12 387
			期初与本期合计	37 600	2 800	12 600	15 400	68 400
			产成品单位成本	23.5	2	9	11	45.5
			结转本期产成品 总　　成　　本	25 850	2 200	9 900	12 100	50 050
			期末在产品成本	11 750	600	2 700	3 300	18 350

甲产品完工产品产量为 1100 件,在产品约当产量为 300 件(500 件×60%),材料系一次投料。则:

$$直接材料分配率(单位成本) = \frac{37\ 600}{1\ 100 + 500} = 23.5(元)$$

甲产品完工产品材料费用 = 23.5×1 100 = 25 850(元)

甲产品期末在产品材料费用 = 23.5×500 = 11 750(元)

$$动力费分配率（单位成本）= \frac{2\ 800}{1\ 100+300} = 2（元）$$

甲产品完工产品动力费用 $= 1\ 100 \times 2 = 2\ 200$（元）

甲产品期末在产品动力费用 $= 300 \times 2 = 600$（元）

$$直接人工分配率（单位成本）= \frac{12\ 600}{1\ 100+300} = 11（元）$$

甲产品完工产品材料费用 $= 9 \times 1\ 100 = 9\ 900$（元）

甲产品期末在产品材料费用 $= 9 \times 300 = 2\ 700$（元）

$$制造费用分配率（单位成本）= \frac{15\ 400}{1\ 100+300} = 9（元）$$

甲产品完工产品材料费用 $= 11 \times 1\ 100 = 12\ 100$（元）

甲产品期末在产品材料费用 $= 11 \times 300 = 3\ 300$（元）

表 6-12　基本生产成本明细账　　　产成品数量:2 000 件

期末在产品数量:800 件

产品名称:乙产品　　　　　20××年 3 月 31 日　　　　　单位:元

年		凭证号数	摘　要	直接材料	动力费	直接人工	制造费用	合　计
月	日							
			期初在产品成本	5 056	500	1 830	1 342	8 728
（略）		（略）	分配耗用材料	21 344				21 344
			分配工资及福利费			7 148		7 148
			分配动力费		1 600			1 600
			分配制造费用				8 258	8 258
			期初与本期合计	26 400	2 100	8 978	9 600	47 078
			产成品单位成本	10	1	1.5	2	14.5
			结转本期产成品总　成　本	18 400	1 300	7 778	8 000	35 478
			期末在产品成本	8 000	800	1 200	1 600	11 600

　　乙产品期末在产品单位定额成本分别为:直接材料 10 元,动力费 1 元,直接人工 1.5 元,制造费用 2 元,合计 14.5 元。月末在产品数量为 800 件。则:

　　乙产品期末在产品直接材料成本 $= 800 \times 10 = 8\ 000$（元）

　　乙产品完工产品直接材料成本 $= 26\ 400 - 8\ 000 = 18\ 400$（元）

　　乙产品期末在产品动力费成本 $= 800 \times 1 = 800$

　　乙产品完工产品动力费成本 $= 2\ 100 - 800 = 1\ 300$

　　乙产品期末在产品直接人工成本 $= 800 \times 1.5 = 1\ 200$（元）

　　乙产品完工产品直接人工成本 $= 9\ 000 - 1\ 200 = 7\ 800$（元）

　　乙产品期末在产品制造费用成本 $= 800 \times 2 = 1\ 600$（元）

　　乙产品完工产品制造费用成本 $= 9\ 600 - 1\ 600 = 8\ 000$（元）

乙产品期末在产品成本 $= 8\,000+800+1\,200+1\,600 = 11\,600$（元）

乙产品完工产品成本 $= 18\,400+1\,300+7\,778+8\,000 = 35\,478$（元）

或 $= 47\,078-11\,600 = 35\,478$（元）

表 6-13 基本生产成本明细账

产成品数量:400 件

产品名称:丙产品　　　　20××年 3 月 31 日　　　　期末在产品数量:200 件　单位:元

年		凭证号数	摘　要	直接材料	动力费	直接人工	制造费用	合　计
月	日							
			期初在产品成本	8 000	400	1 908	3 665	13 973
（略）	（略）		分配耗用材料	16 000				16 000
			分配工资及福利费			10 092		10 092
			分配动力费		2 000			2 000
			分配制造费用				12 335	12 335
			期初与本期合计	24 000	2 400	12 000	16 000	54 400
			完工产品定额耗用量	16 000	1 600	1 600	1 600	/
			月末在产品定额耗用量	8 000	400	400	400	/
			定额耗用量合计	24 000	2 000	2 000	2 000	/
			分配率	1	1.2	6	8	/
			结转本期产成品总成本	16 000	1 920	9 600	12 800	40 320
			期末在产品成本	8 000	480	2 400	3 200	14 080

丙产品材料单耗定额为 40 元,由于系一次投料,故完工产品与月末在产品单耗定额相同,均为 40 元。则:

$$材料费用分配率（单位成本）= \frac{24\,000}{400\times40+200\times40} = 1$$

丙产品完工产品应分配材料费用 $= 400\times40\times1 = 16\,000$（元）

丙产品月末在产品应分配材料费用 $= 200\times40\times1 = 8\,000$（元）

丙产品完工产品单位定额工时为 4 小时,月末在产品定额工时为 2 小时,则:

丙产品完工产品定额总工时 $= 400\times4 = 1\,600$（元）

丙产品月末在产品定额总工时 $= 200\times2 = 400$（元）

$$动力费用分配率（单位成本）= \frac{2\,400}{1\,600+400} = 1.2（元/小时）$$

丙产品完工产品应分配动力费用 $= 1\,600\times1.2 = 1\,920$（元）

丙产品月末在产品应分配动力费用 $= 400\times1.2 = 480$（元）

$$直接人工分配率（单位成本）= \frac{12\,000}{1\,600+400} = 6（元/小时）$$

丙产品完工产品应分配直接人工费用 = 1 600×6 = 9 600(元)

丙产品月末在产品应分配直接人工费用 = 400×6＝2 400(元)

制造费用分配率(单位成本)＝$\dfrac{16\ 000}{1\ 600+400}$＝8(元)

丙产品完工产品应分配制造费用＝1 600×8＝12 800(元)

丙产品月末在产品应分配制造费用＝400×8＝3 200(元)

9. 结转完工入库产品成本：

借：库存商品——甲产品		50 050
——乙产品		35 478
——丙产品		40 320
贷：生产成本——基本生产成本——一车间 甲产品		50 050
乙产品		35 478
——二车间 丙产品		40 320

练习题

一、简答题

简述品种法的成本计算对象和适用范围？

二、核算题

(一)目的：练习产品成本计算的品种法

(二)资料：

大正公司生产甲、乙两种产品,属多步骤的大量生产,由于工厂规模较小,不要求分步骤管理成本,采用品种法计算产品成本。3 月份的生产费用资料如下：

1.材料费用。根据 3 月份材料领退凭证汇总的材料费用为：

甲产品：原材料费 17 500 元

乙产品：原材料费 22 500 元

基本生产车间：消耗材料费 7 500 元

辅助(修理)车间：消耗材料费 80 元

2.工资费用。根据 3 月份工资结算凭证汇总的工资费用为：

基本生产车间：生产工人工资 25 000 元,管理人员工资 1 200 元

辅助(修理)车间：生产工人工资 1 800 元,管理人员工资 200 元(制造费用不通过"制造费用"科目核算)

该厂规定基本生产车间生产工人工资(系计时工资)在甲、乙两种产品之间,按产品工时比例分配,实用工时为：甲产品 30 000 小时；乙产品 20 000 小时。

3.外购动力费。根据 3 月份的耗电度数和每度电费的单价 0.12 元,计算出的应付电力费为14 100元(应付电力费通过"应付账款"科目核算,各产品之间按生产工时分配电力费),各单位耗电

度数为：

基本生产车间：工艺用电 100 000 度，照明用电 2 500 度

辅助（修理）车间：10 000 度

行政管理部门：5 000 度

4. 折旧费用。车间、部门月初固定资产原值为：

基本生产车间：250 000 元

辅助（修理）车间：50 000 元

月折旧率：0.6%

5. 各项货币支出。根据 3 月份付款凭证汇总的各项货币支出（为了简化作业，各项货币支出均为全月汇总金额，并假定均用银行存款支付）为：

基本生产车间：办公费 700 元，运输费 3 000 元，其他 200 元

辅助（修理）车间：办公费 300 元，其他 200 元

6. 辅助生产费用（修理），按修理小时的比例分配。修理小时共为 6 000 小时，其中为基本生产车间修理 4 500 小时，为行政管理部门修理 1 500 小时。

7. 制造费用。按甲、乙产品实用比例分配。

8. 完工产品和月末在产品。该厂消耗定额比例准确、稳定，但甲产品各月在产品数量波动较大，因而采用定额比例分配、计算完工产品成本和月末在产品成本；直接材料费用按定额直接材料费用比例分配，其他各项费用按定额工时比例分配。

甲产品月初在产品的各项生产费用数额如下：

直接材料 4 500 元，动力费 1 200 元，直接人工 8 520 元，制造费用 6 000 元，合计 20 220 元。

甲产品的完工产品和月末在产品定额直接材料费用和定额工时为：

	定额直接材料费用（元）	定额工时（小时）
完工产品	17 000	35 000
在产品	3 000	7 000

甲产品本月完工 100 台。

乙产品各月在产品数量比较稳定，因而规定各月在产品成本均按年初数固定不变，到年末根据实际盘存情况调整，其年初在产品成本为：直接材料费用 8 200 元，动力费 2 000 元，直接人工 5 800 元，制造费用 5 100 元，合计 21 100 元。乙产品本月完工 15 台。

（三）要求：

1. 根据上列资料采用品种法编制各种生产费用汇总分配表；

2. 根据各种生产费用汇总分配表，登记各种生产费用明细账；

3. 计算各种产品成本。

材料费用汇总分配表(一)

20××年 3 月 单位:元

应借科目		成本、费用项目	金　额
生产成本—— 基本生产成本	甲产品		
	乙产品		
	小　计	×	
制造费用		消耗材料	
生产成本——辅助生产成本		消耗材料	
合　　计		×	

工资费用汇总分配表(二)

20××年 3 月 单位:元

应借科目		生产工人工资		管理人员 工　资	合　计
		工　时	工　资		
生产成本——基本 生产成本	甲产品			×	
	乙产品			×	
	小　计			×	
制造费用		×	×		
生产成本——辅助生产成本		×			
合　　计		×			

生产工人工资分配率＝

动力费用分配表(三)

20××年 3 月 单位:元

应借科目		生产工时 (分配率:)	用电度数 (分配率:)	金　额
生产成本——基本 生产成本	甲产品			
	乙产品			
	小　计			
制造费用				
生产成本——辅助生产成本				
管理费用				
合　　计		×		

固定资产折旧计算表(四)

20××年 3 月 单位:元

使用部门	固定资产原始价值	月折旧率	折旧额
基本生产车间			
辅助生产车间			
合　　计			

8月份付款凭证汇总支出(五)

20××年 3 月 单位:元

应借科目	费用项目	金 额
制造费用 (基本生产车间)		
	小 计	
生产成本——辅助生产成本		
	小 计	
合 计	×	

辅助生产成本明细账

单位:元

月	日	摘要	工资	消耗材料	电费	折旧费	办公费	其他	合计	转出
		本月合计								

辅助生产费用分配表(六)

20××年 3 月 单位:元

应借科目	修理小时	辅助生产费用 (分配率:)
制造费用		
管理费用		
合 计		

制造费用(基本生产车间)明细账

单位:元

月	日	摘　要	工资	消耗材料	电费	折旧费	办公费	运输费	其他	合计	转出
		本月合计									

制造费用分配表(七)

20××年 3 月

单位:元

项　目	生产工时	制造费用(分配率：　)
甲产品		
乙产品		
合　计		

甲产品成本明细账

20××年 3 月　完工产品产量：　台　单位:元

项　目		直接材料	动力费	直接人工	制造费用	合　计
月初在产品成本						
本 月 费 用						
合　计						
分配率						×
完工产品成本(台)	定　额		×	____时	×	×
	实　际					
月末在产品成本	定　额		×	____时	×	×
	实　际					

乙产品成本明细账

20××年3月　　完工产品产量：　　台　　单位：元

项　目	直接材料	动力费	直接人工	制造费用	合　计
月初在产品成本					
本月费用					
合　计					
完工产品成本					
月末在产品成本					

第七章

产品成本计算的分批法

第一节 分批法的特点和适用范围

一、产品成本计算分批法的特点

分批法是以产品批别作为成本计算对象来归集生产费用计算产品成本的一种方法。产品批别在成批组织产品生产的企业或车间中,是按照一定品种、一定批量产品划分的。因此,分批法也就是计算一定品种、一定批量的产品成本的方法。在实际工作中,产品的品种和每批产品的批量往往是根据客户的订单确定,因而,按照产品批别计算产品成本,往往也就是按照订单计算产品成本,所以分批法亦称订单法。分批法的特点为:

1.以产品的批别(订单或生产通知单等)为成本计算对象,开设产品成本计算单或设置基本生产成本明细账。一般情况下,企业根据订单开设生产通知单号,车间则根据生产通知单号组织生产,仓库根据生产通知单准备材料,会计部门根据生产通知单号开设成本计算单或基本生产成本明细账归集生产费用,计算产品成本。

2.产品成本计算期不固定,即成本计算期与生产周期相同,而与会计报告期不一致。分批法下,由于是以产品的批别或件别作为成本计算对象,因而一批产品只有全部完工后才能通过成本计算单将生产费用归集完整,也就决定了成本计算期与产品生产周期同步。

3.一般不需要计算期末在产品成本,这主要是由成本计算期与产品生产周期一致决定。就单件生产来说,产品完工之前,基本生产成本明细账所归集的生产费用,都是在产品成本,产品完工时,则就是完工产品成本,因而月末计算成本时,就不需要计算月末在产品成本;如果是小批生产,批内产品一般都能同时完工,在月末计算成本时,或是全部已经完工,或是全部没有完工,因而也都不存在计算月末在产品成本问题。但在批内产品跨月陆续完工的情况下,月末计算成本时,一部分产品已完工,另一部分尚未完工,这时就要在完工产品与月末在产品之间分配费用,以分别计算完工产品成

本和月末在产品成本。

此外,在同一月份内投产的产品批数很多的企业中,还采用着一种简化的不分批次计算在产品成本的分批法。此法将专门作一专题在后面阐述。

二、产品成本计算分批法的适用范围

分批法适用于小批生产和单件生产,例如精密仪器、专用设备、重型机械和船舶的制造,某些特殊或精密铸件的熔铸,新产品的试制以及辅助生产的工具、模具制造等。

三、作为产品计算对象的产品批别的确定

在小批单件生产的企业中,作为产品成本计算对象的产品批别,一般按照产品生产的批别确定。生产每一批产品的品种和批量往往又是根据需用单位的订单确定的,因而作为产品成本计算对象的产品批别与产品订单之间有着一定的联系。一般按照下列不同情况分别确定产品生产批别及成本计算对象。

(1)当产品订单的品种仅为一种,结构较为简单,且批量适中,一般按照订单分别组织生产。按照产品批别计算产品成本,往往也就是按照订单计算产品成本。所以产品成本计算的分批法,也称订单法。

(2)如果在一张订单中规定的产品不只一种,为了分析和考核各种产品成本计划的执行情况,并便于生产管理,还要按照产品的品种划分批别组织生产,计算成本。

(3)如果在一张订单中只规定一种产品,但这种产品数量较大,不便于集中一次投产,或者需用单位要求分批交货,也可以分为若干批组织生产,计算成本。

(4)如果在一张订单中只规定一件产品,但这件产品属于大型复杂的产品,价值较大,生产周期较长(如大型船舶的制造),也可以按产品的组成部分分批组织生产,计算成本。

(5)如果同一时期内,在几张订单中规定有相同的产品,为了更加经济合理地组织生产,也可以将相同产品合为一批组织生产计算成本。

采用分批法计算产品成本,由于各批产品往往耗用相同的原材料和半成品,在填领料单、记录生产工时和在产品转移核算时,都应分清批别,防止"串批"。

第二节　分批法的计算程序

一、产品成本明细账的设立

按照产品批别组织生产时,生产计划部门要签发生产通知单下达车间,并通知会计部门。在生产通知单中应对该批生产任务进行编号,称为产品批号或生产令号。会计部门应根据生产计划部门下达的产品批号,也就是产品批别,设立产品成本明细账。

产品成本明细账的设立和结账,应与生产通知单的签发和结束密切配合,协调一致,以保证各批产品成本计算的正确性。

二、生产费用在完工产品与月末在产品之间分配的特点

(一)单件生产

如果是单件生产,产品完工以前,产品成本明细账所记的生产费用,都是在产品成本;产品完工时,产品成本明细账所记的生产费用,就是完工产品的成本。因而在月末计算成本时,不存在完工产品和月末在产品之间分配费用的问题。

(二)小批生产

如果是小批生产,每批产品一般都能同时完工。在月末计算成本时,或是全部已经完工,或是全部没有完工,因而一般也不存在完工产品与月末在产品之间分配费用的问题。但在批内产品跨月陆续完工的情况下,月末计算成本时,一部分产品已完工,这时就要在完工产品与月末在产品之间分配费用,以便计算完工产品成本和月末在产品成本。

1. 批内产品月末完工数量不大。月末计算各批产品成本时,在批内产品完工数量不大的情况下,一般可以采用简便的分配方法,即完工产品成本按完工产品数量和计划单位成本、定额单位成本或最近一期相同产品的实际单位成本计算。从产品成本明细账中转出完工产品成本后,各项费用余额之和即为在产品成本。为了正确地分析和考核该批产品成本计划的执行情况,在该批产品全部完工时,还应计算该批产品的实际总成本和实际单位成本;但对已经转账的完工产品成本,不作账面调整。

2. 批内产品月末完工数量较大。月末计算产品成本时,如果批内完工产品的数量占全部批量的比重较大,为了提高成本计算的正确性,应根据具体条件采用适当的分配方法,如约当产量比例法、定额成本法等。在完工产品和月末在产品之间分配生产费用,计算完工产品成本和月末在产品成本。

为了减少完工产品与月末在产品之间分配费用的工作,提高成本计算的正确性和及时性,在合理组织生产的前提下,也可以适当缩小产品的批量,以较小的批量分批投产,尽量使同一批的产品能够同时完工,避免跨月陆续完工的情况。但是缩小产品批量,应有一定的限度。如果批量过小,不仅会使生产组织不合理、不经济,而且会使设立的产品成本明细账过多,加大核算工作量。

三、分批法举例

(一)同批产品同时完工的分批法举例

【例 7-1】 某机械厂 3 月份,按照本厂生产计划和购买人购货订单继续生产 1 月份已经投产的 01 号 A 产品 100 台和 3 月份新投产的 04 号 B 产品 50 台。1 月份投产的 01 号 A 产品 1 月份、2 月份的各项生产费用,已按照当月的各种费用分配表记入该

产品成本明细账相应的成本项目。3月份发生的各项生产费用,亦根据各种费用分配表分别记入01号A产品和04号B产品的产品成本明细账。由于在按分批法计算产品成本时,其直接耗用的材料费用、人工费用以及动力费用、其他费用、辅助生产费用,直至制造费用的归集及分配程序和方法与前述品种法下的分配程序和方法完全相同,按实际发生的各项费用分配记入批产品成本明细账即可。

01号A产品100台已于3月份全部完工,04号B产品50台无一台完工。"01号A产品成本明细账"和"04号B产品成本明细账"格式如表7-1和7-2所示。

表7-1 基本生产成本明细账

生产批号:01　　　　　　　　　　　　　　　　　　投产日期:1月10日
产品名称:A产品　　　　　　　　　　　　　　　　　完工日期:3月30日
生产批量:100台　　　　　　　　20××年　　　　　　　　单位:元

年		凭证号数	摘　要	直接材料	直接人工	制造费用	合　计
月	日						
1	31		1月份分配转入费用	30 000	4 200	3 800	38 000
2	28		2月份分配转入费用	6 000	4 000	2 700	12 700
			至2月份止累计余额	36 000	8 200	6 500	50 700
3	31		3月份分配转入费用	4 000	3 800	3 500	11 300
			至3月份止累计余额	40 000	12 000	10 000	62 000
			本批产品总成本	40 000	12 000	10 000	62 000
			本批产品单位成本	400	120	100	620

表7-2 基本生产成本明细账

生产批号:04　　　　　　　　　　　　　　　　　　投产日期:3月5日
产品名称:B产品　　　　　　　　　　　　　　　　　完工日期:
生产批量:50台　　　　　　　　20××年3月　　　　　　　单位:元

年		凭证号数	摘　要	直接材料	直接人工	制造费用	合　计
月	日						
3	31	(略)	3月份分配转入费用	22 000	3 600	3 000	28 600

从01号A产品成本明细账可以看出,该批号A产品100台系在3月份完工的,不存在跨月陆续完工的产品。因此当3月份该批产品全部完工后,将从1月份投产起,1月至3月三个月发生的各项生产费用按成本项目加总即为该产品的总成本。该批产

品未完工以前,1月份记入的各项费用即为该产品1月末的在产品成本,2月份记入的各项费用与1月份记入的各项费用之和,即该批产品成本明细账中的"2月份止累计余额"就是该批产品2月末的在产品成本。

从04号B产品成本明细账可以看出,由于该批产品3月份投产,至月末尚无一台完工,故3月份根据各种费用分配表分配记入该批产品成本明细账的各项费用就是该批产品3月末的在产品成本。

(二)同批产品跨月陆续完工的分批法举例

【例7-2】 某机械厂除生产01号A产品、04号B产品等批产品外,还生产有03号D产品,该批产品于1月份投产,批产量40台,2月份完工16台,已按计划单位成本每台直接材料320元、直接人工100元、制造费用80元,共500元结转"库存商品"账户。其余24台于3月份全部完工,将1月至3月根据各项费用分配表记入该批产品成本明细账各成本项目的生产费用加以汇总后,再扣除2月份已按计划成本结转的16台的计划总成本,即为3月份尚应结转"库存商品"账户的成本。03号D产品成本明细账格式如表7-3。

表7-3 基本生产成本明细账

生产批号:03   投产日期:1月14日
产品名称:D产品   完工日期:3月30日
生产批量:40台   单位:元

年		凭证号数	摘 要	直接材料	直接人工	制造费用	合 计
月	日						
1	31		1月份分配转入费用	9 000	1 000	600	10 600
2	28		2月份分配转入费用	2 000	1 600	1 300	4 900
			至2月份止累计余额	11 000	2 600	1 900	15 500
			按计划转出完工16台成本	5 120	1 600	1 280	8 000
			至2月份止累计余额	5 880	1 000	620	7 500
3	31		3月份分配转入费用	1 000	1 500	1 200	3 700
			至3月份累计余额	6 880	2 500	1 820	11 200
			结转产品全部完工后的差额	6 880	2 500	1 820	11 200
			本批产品总成本	12 000	4 100	3 100	19 200
			本批产品单位成本	300	102.50	77.50	480

从03号D产品生产成本明细账可以看出,由于该批产品在2月份完工的16台已经出售(或购货单位提货),需要按计划成本先行结转(有的企业按估计成本,也有的企业按约当产量法估计尚应投料数及预计在产品完工程度计算已完工产品成本),这就带来当期已销售产品成本不实,从而违反收入与成本费用相互配比的原则,而且该批产品全部完工后要重新计算全部产品的实际总成本和单位成本以及实际总成本与已结转计划成本的差额,经过结转差额将原来按计划成本结转额调整为实际成本,增加

了核算工作量,因此,企业生产计划部门应合理安排生产批量,以避免同批产品跨月陆续完工的情况,使同批产品尽可能在同一个月内完工。

(三)简化的分批法——累计分配法举例

前述两种分批法举例中,对当月所发生的各项生产费用,无论是直接材料费用,还是直接人工及制造费用,都要在当月在各批产品之间进行分配,而不论其是否完工,这种分配方法称为"当月分配法"。这种分配方法,适用于企业组织生产的批次不多,且各月未完工批次较少的企业采用。如果企业组织的生产批次较多,且各月未完工的批次也较多的情况下,仍采用"当月分配法",则计算、分配的工作量较大。为了简化核算,减少计算、分配工作量,可采用简化的分批法,即"累计分配法"。这种分配法的特点是每月只归集和分配各批产品的直接材料费用,而不按月归集和分配直接人工费用、制造费用,对这两项费用是通过设置"基本生产成本二级账"分成本项目进行逐月累计登记,待某批产品完工时,才分配计入该批产品成本。采用此种方法,对直接材料以外的其他费用通常采用累计工时比例进行分配。其计算公式如下:

$$各批产品某项累计费用分配率 = \frac{各批产品某项费用累计数}{各批产品累计工时}$$

$$某批完工产品应分配 = 该批完工产品累计工时 \times 分配率$$

【例 7-3】 某企业生产 101♯、102♯、103♯ 等三批产品,其生产情况见表 7-4。

表 7-4

产品批号	产品名称	投放产量	本月完工数量	月末在产品数量
101♯	甲产品	上月投产 30 件	30 件	
102♯	乙产品	上月投产 60 件	20 件	40 件
103♯	丙产品	上月投产 20 件		20 件

该企业"基本生产成本二级账"累计资料见表 7-5。

1. 计算全部产品累计直接人工费用和累计制造费用分配率

(1)全部产品累计直接人工费用分配率 $= \dfrac{270\,000}{300\,000} = 0.90$(元/小时)

(2)全部产品累计制造费用分配率 $= \dfrac{360\,000}{300\,000} = 1.20$(元/小时)

2. 计算转出完工产品应分摊直接人工费用和制造费用

(1)转出完工产品应分摊直接人工费用 $= 120\,000 \times 0.9 = 108\,000$(元)

(2)转出完工产品应分摊制造费用 $= 120\,000 \times 1.2 = 144\,000$(元)

表 7-5　基本生产成本二级账

（各批产品全部成本）　　　　　　　　　　　　　　　　　单位:元

年	日	凭证号数	摘　要	直接材料	工　时	直接人工	制造费用	合　计
月								
略		略	期初余额	530 000	180 000	220 000	280 000	1 030 000
			本月发生费用	270 000		50 000	80 000	400 000
			本月发生工时		120 000			120 000
			累计费用	800 000		270 000	360 000	1 430 000
			累计工时		300 000			300 000
			累计费用分配率			0.90	1.20	
			转出完工产品成本	490 000		108 000	144 000	742 000
			转出完工产品工时		120 000			120 000
			期末余额	310 000	180 000	162 000	216 000	688 000

（注:直接材料费用已根据"材料费用分配表"直接记入各批产品成本计算单,不需再行分配）

3. 编制各批产品成本计算单,见表7-6、7-7、7-8。其中:乙产品耗用直接材料系生产开工时一次投入,本月完工 20 件实耗生产工时为 20 000 小时。

表 7-6　产品成本计算单

批号:101#　　　　　　　　　　（累计分配）　　　　　　　　　上月投产:30 件

产品名称:甲产品　　　　　20 × × 年 3 月 31 日　　　　本月完工:30 件　单位:元

摘　要	直接材料	工　时	直接人工	制造费用	合　计
期初在产品成本	300 000	80 000			
本月发生	150 000	20 000			
累　计	450 000	100 000			
累计费用分配率			0.90	1.2	
转完工产品	450 000	100 000	90 000	120 000	660 000
单位成本	15 000		3 000	4 000	22 000
期末余额	—		—	—	—

表 7-7　产品成本计算单

批号:102#　　　　　　　　　　（累计分配）　　　　　　　　　上月投产:60 件

产品名称:乙产品　　　　　20 × × 年 3 月 31 日　　　　本月完工:20 件　单位:元

摘　要	直接材料	工　时	直接人工	制造费用	合　计
期初在产品成本	120 000	40 000			
本月发生		10 000			
累　计	120 000				
累计费用分配率			0.90	1.20	
转完工产品	40 000	20 000	18 000	24 000	82 000
单位成本	2 000		900	1 200	4 100
期末余额	80 000	30 000			

表 7-8　产品成本计算单

批号:103[#]　　　　　　　　（累计分配）　　　　　　上月投产:20 件

产品名称:丙产品　　　　20××年 3 月 31 日　　　本月完工:0 件　单位:元

摘　　要	直接材料	工　时	直接人工	制造费用	合　　计
期初在产品成本	110 000	60 000			
本月发生	120 000	90 000			
累　　计	230 000	150 000			
累计费用分配率					
转完工产品					
单位成本					
期末余额	230 000	150 000			

说明:以上仅举 101[#]、102[#]、103[#] 三批产品分别说明本月该批产品全部完工、该批产品部分完工、该产品全部未完工等三种情况下的费用归集分配和成本核算的方法,并非实际工作中也只有三批产品,相反应当是有多批产品,且像 103♯丙产品那样到月末未完工的批别应当是多数,否则采用"累计分配法"不但起不到简化成本核算的作用,反而使成本核算复杂化。

练 习 题

一、名词解释

产品成本计算的分批法

二、填空题

1. 产品成本计算的分批法,是按照_____计算产品成本的一种方法,该法适用于小批生产和_____。

2. 分批法下,会计部门根据生产计划部门下达的_____也就是_____,设立产品成本明细账。

3. 如果在一张订单中规定的产品不止一种,为了分析和考核各种产品计划的执行情况,并便于生产管理,还是按照_____分批组织生产,计算成本。

4. 如果在一张订单中只规定一件产品,但这件产品属于大型复杂的产品,价值较大,生产周期较长,也可以按_____分批组织生产,计算成本。

三、单项选择

1. 产品成本计算分批法的成本计算对象是　　　　　　　　　　　　　　　　　　　（　　）

　　A. 产品的品种　　　B. 产品的批别　　　C. 产品的生产步骤　D. 产品的类别

2. 下列各项中,不适用于产品成本计算分批法的是　　　　　　　　　　　　　　　（　　）

　　A. 精密仪器制造　　B. 船舶制造　　　C. 采矿　　　　　　D. 重型机械制造

3. 采用分批法时,如果月末某些产品完工数量较多,计算完工产品的正确方法是　　（　　）

　　A. 按计划单位成本计算　　　　　　　B. 按定额单位成本计算

C. 按近期同种产品实际单位成本计算　　D. 按约当产量比例法分配计算

四、多项选择题

1. 采用分批法时，作为某一种计算对象的批别，可以按下列方法确定　　（　　）

　　A. 同一订单中的多种产品　　　　　　B. 不同订单中的同种产品

　　C. 同一订单中同种产品的组成部分　　D. 不同订单中的不同产品

2. 采用分批法时，在批内产品跨月陆续完工不多的情况下，结转完工产品成本的方法可以是

　　　　　　　　　　　　　　　　　　　　　　　　　　　　　　　（　　）

　　A. 按计划单位成本计算结转　　　　　B. 按定额单位成本计算结转

　　C. 按近期同种产品实际单位成本结转　D. 暂不结转，待全部完工后一并计算结转

3. 产品成本计算的分批法适用于　　　　　　　　　　　　　　　　　　（　　）

　　A. 成批生产　　　B. 单步骤生产　　　C. 小批生产　　　D. 单个生产

五、判断题

1. 由于生产每一批产品的品种和批量往往是根据需用单位的订单来确定，所以产品批别与产品订单是一致的　　　　　　　　　　　　　　　　　　　　　　　　　　　　　（　　）

2. 在单步骤生产的情况下，月末计算成本时，不存在完工产品和月末在产品之间分配费用的问题　　　　　　　　　　　　　　　　　　　　　　　　　　　　　　　　　　　（　　）

3. 为减少完工产品与月末在产品之间进行分配费用的工作，提高成本计算的正确性和及时性，可以缩小产品的批量，但是应当有一定的限度　　　　　　　　　　　　　　　　　（　　）

六、简答题

1. 简述分批法的成本计算特点。

2. 在批内产品跨月陆续完工的情况下，如果批内产品月末完工数量不大，应如何将生产费用在完工产品与月末在产品之间进行分配？

3. 在批内产品跨月陆续完工的情况下，如果批内产品月末完工数量较大，应如何将生产费用在完工产品与月末在产品之间进行分配？

七、计算与核算题

(一)目的：练习产品成本计算的分批法

(二)资料：某企业根据购买单位订单小批生产甲、乙两种产品，采用分批法计算产品成本。

1. 月初在产品成本资料如下表：

单位：元

生产批别	批量	直接材料	燃料及动力	直接人工	制造费用	合　计
101—甲产品	10 件	9 840	10 800	5 460	2 670	28 770
102—乙产品	8 件	19 290	15 420	8 805	5 835	49 350

2. 本月发生费用

根据各种费用分配表,汇总各批产品本月发生的生产费用如下表:

单位:元

生产批别	燃料及动力	直接人工	制造费用	合　计
101—甲产品	4 725	4 470	1 455	10 650
102—乙产品	5 730	9 180	4 095	19 005

3. 本月末,甲产品完工8件,月末在产品2件,原材料为生产开始一次投入,其费用按照完工产品和月末在产品的实际数量比例分配;其他费用采用约当产量法在完工产品与月末在产品之间分配,在产品完工程度为50%。乙产品完工2件,为简化核算,乙产品完工产品按计划成本转出,每台计划成本为:直接材料2 500元/件,燃料及动力2 650元/件,直接人工2 250元/件,制造费用1 240元/件。

(三)要求:计算甲、乙两种产品的完工产品及在产品成本,完成下表填制。

产品成本计算单　　　本月投产10件　完工8件

产品批次:101　产品名称:甲　　20××年　月　日　　　　单位:元

摘　要	直接材料	燃料及动力	直接人工	制造费用	合　计
月初在产品成本					
本月生产费用					
累计生产费用					
完工产品成本					
完工产品单位成本					
月末在产品成本					

产品成本计算单　　　本月投产8件　完工2件

产品批次:102　产品名称:乙　　20××年　月　日　　　　单位:元

摘　要	直接材料	燃料及动力	直接人工	制造费用	合　计
月初在产品成本					
本月生产费用					
累计生产费用					
完工产品成本					
完工产品单位成本					
月末在产品成本					

第八章

产品成本计算的分步法

第一节　分步法的特点、适用范围和计算程序

一、分步法的特点

分步法作为以各种生产步骤的产品为成本计算对象来归集生产费用计算产品成本的一种方法,其特点主要有以下三个方面:

1. 以各加工步骤的各种产品作为成本计算对象,并据以设置基本生产成本明细账。即基本生产成本明细账按照生产步骤设立,账中按照产品品种反映。在大量大批多步骤生产下,每经过一个加工步骤产出的半成品,其形态和性质各不相同,计量单位也可能不尽相同,而且各步骤生产的半成品,既可能转入后续步骤加工成不同的产成品,也可能对外出售。因此,成本计算必须按各步骤的各种产品进行。但应指出的是,产品成本计算的分步与实际的生产步骤不一定完全一致。为了简化成本计算工作,可以只对管理上有必要分步计算成本的生产步骤单独设立产品成本明细账,单独计算成本;而对管理上不要求单独计算成本的生产步骤,则可与其他生产步骤合并,设立基本生产成本明细账计算其成本。

2. 产品成本计算期与会计报告期一致,按月进行,但与生产周期不一致。

3. 月末要将生产费用采用适当方法在完工产品与在产品之间进行分配。大量大批多步骤生产情况下,月末通常都会有在产品,因此,必须按加工步骤将所归集的生产费用在完工产品与在产品之间进行分配。

分步法按是否需要计算和结转各步骤半成品成本,分为逐步结转分步法和平行结转分步法两种。逐步结转分步法,指的是按各加工步骤归集生产费用,计算各加工步骤半成品成本,而且半成品成本随半成品实物转移而在各加工步骤之间顺序转移,最后计算出产成品成本的一种成本计算方法;平行结转分步法指的是各加工步骤只计算本步骤发生的生产费用和这些生产费用中应计入产成品成本的份额,将相同产品各步骤计入产成品的份额平行结转、汇总,计算出产成品成本的一种方法。这种方法由于

不计算各步骤所产半成品成本,也不计算各步骤所耗上一步骤半成品成本,所以也叫不计算半成品成本的分步法。

二、分步法的适用范围

分步法适用于大量大批的多步骤生产企业,例如冶金、纺织、造纸,以及大量大批生产的机械制造业等。在这些生产企业中,产品生产可以分为若干个生产步骤进行,例如,钢铁企业可分为炼铁、炼钢、轧钢等步骤;纺织企业可分为纺纱、织布等步骤;造纸企业可分为制浆、制纸、包装等步骤;机械企业可分为铸造、加工、装配等步骤。为了加强各生产步骤的成本管理,往往不仅要求按照产品品种计算成本,而且还要求按照生产步骤计算成本即半成品成本以便为考核和分析各种产品及其各生产步骤的成本计划的执行情况提供资料。

三、分步法的计算程序

由于大量大批多步骤生产的产品往往跨月陆续完工,因此,采用分步法计算成本时,记入各种产品、各生产步骤成本明细账中的生产费用,大都要采用适当的分配方法在完工产品和月末在产品之间进行分配,计算各该产品、各该生产步骤的完工产品成本和月末在产品成本;然后按照产品品种结转各步骤的完工产品成本,计算每种产品的产成品成本。

第二节　逐步结转分步法

在大量大批的多步骤生产的企业中,对外销售的产品,不但有产成品,而且经常有各生产步骤所生产的半成品。例如,造纸企业中的纸浆;钢铁企业中的生铁、钢锭;纺织厂中的棉纱、坯布等。这些企业生产的半成品,由于经常对外销售,这就需要计算半成品的成本,以便确定对外销售半成品的盈亏。有些企业生产的半成品,即使不发生对外销售的业务,但产品生产的阶段性非常明显,各生产步骤都出产一定数量的半成品(如机械制造企业中的铸件、零配件等)。为了加强各生产步骤的成本管理,分析费用结构,寻找降低成本的途径,往往不仅要求按产品品种计算产品成本,而且还要按生产步骤计算半成品成本。逐步结转分步法就是为适应这种既要计算成品成本,又要计算半成品成本的一种分步法。

一、逐步结转分步法的特点

1. 逐步结转分步法的成本计算对象是各种产品及其所经过的各步骤的半成品成本。

2. 逐步结转分步法要求按月定期计算产品成本。即产品成本的计算期与会计报告期一致,但与生产的周期不一致。

3. 各生产步骤归集的生产费用(包括本步骤发生的生产费用和耗用上一步骤半成品的成本)是在本步骤的完工产品和在产品(即狭义的在产品)之间进行分配。

二、逐步结转分步法的计算程序

逐步结转分步法的计算程序主要有以下几个步骤:

1. 根据各种产品所经过的生产步骤开设生产成本明细账(产品成本计算单),归集各项生产费用。

2. 将第一生产步骤产品成本明细账中所归集的各项生产费用采用一定的方法,在完工半成品和期末在产品之间进行分配,并把完工半成品成本转入下步骤相应的成本计算单中。

3. 将第二生产步骤成品成本明细账中所归集的生产费用(包括第一步骤转来的半成本和本步骤发生的各项生产费用)仍按第一步骤的方法计算并结转本步骤的半成品成本。第三生产步骤都如此计算和结转,直至最后一个生产步骤,就可以计算出完工产品的总成本和单位成本。

逐步结转分步法的计算程序可用图式表示如下(见图 8-1)。

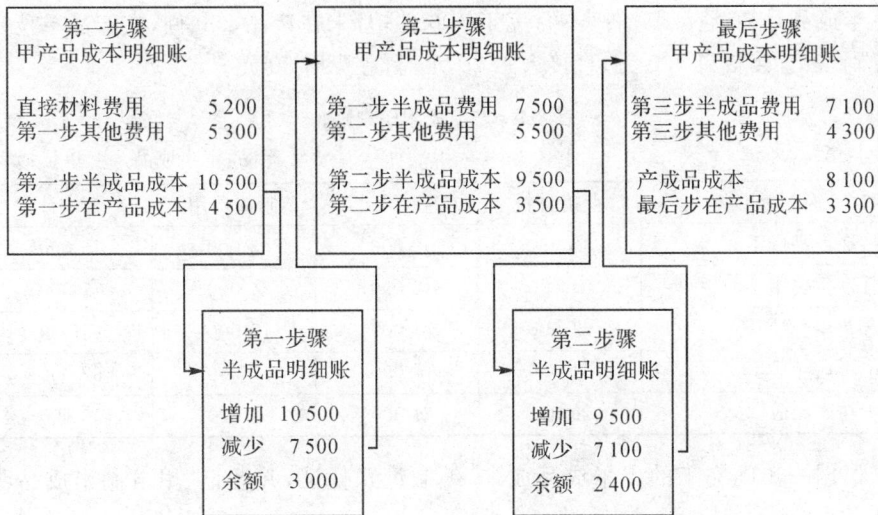

第一步骤 甲产品成本明细账	
直接材料费用	5 200
第一步其他费用	5 300
第一步半成品成本	10 500
第一步在产品成本	4 500

第二步骤 甲产品成本明细账	
第一步半成品费用	7 500
第二步其他费用	5 500
第二步半成品成本	9 500
第二步在产品成本	3 500

最后步骤 甲产品成本明细账	
第三步半成品费用	7 100
第三步其他费用	4 300
产成品成本	8 100
最后步在产品成本	3 300

第一步骤 半成品明细账	
增加	10 500
减少	7 500
余额	3 000

第二步骤 半成品明细账	
增加	9 500
减少	7 100
余额	2 400

图 8-1 逐步结转分步法成本计算程序图

三、逐步结转分步法的分类及应用举例

(一)逐步结转分步法的分类

在逐步结转分步法下,对半成品成本上、下步骤之间结转的问题,实际工作中有两种结转方法:一种是按各个成本项目将上步骤半成品成本转入下步骤产品成本明细账

中相同成本项目;另一种是不分成本项目将上步骤半成品成本综合转入下步骤产品成本明细账中的"直接材料"或专设"半成品"项目。通常把前者的结转方法,称为分项结转法;把后者的结转方法,称为综合结转法。

下面举例分别说明"分项结转"与"综合结转"的程序和方法。

(二)综合结转法举例

采用这种结转方法时,各步骤所耗上一步骤的半成品费用,应根据所耗半成品的数量乘以半成品的实际单位成本计算。由于各月所产半成品的单位成本不同,因而所耗半成品的单位成本要采用加权平均法等适用的方法计算。为了提高各步骤成本计算的及时性,在半成品月初余额较大,本月所耗半成品全部或者大部分是以前月份所产的情况下,本月所耗半成品费用也可按上月末的加权平均单位成本计算。

【例 8-1】 某工业企业的甲种产品生产分两个步骤,分别由两个车间进行。第一车间生产半成品,交半成品仓库验收;第二车间按照所需数量向半成品仓库领用。第二车间所耗半成品费用按加权平均计算单位成本。两个车间月末在产品均按定额成本计价。其成本计算程序如下:

1. 根据各种费用分配表、半成品交库单和第一车间在产品定期成本资料,登记第一车间甲产品成本明细账(见表 8-1)。

甲半成品月初结存 100 件,本月完工 400 件,月末在产品 200 件,在产品单位定额成本分别是:直接材料 100 元,直接人工 20 元,制造费用 30 元。

表 8-1　产品成本明细账

车间:第一车间　　　　　　　20××年　　月　　　　　产品:甲半成品　　单位:元

摘　　要	直接材料	直接人工	制造费用	合　计
月初在产品成本	10 000	2 000	3 000	15 000
本月发生费用	51 000	12 000	14 000	77 000
生产费用合计	61 000	14 000	17 000	92 000
完工半成品成本	41 000	10 000	11 000	62 000
月末在产品成本	20 000	4 000	6 000	30 000

2. 根据一车间完工的甲半成品成本,编制记账凭证,并登记"甲自制半成品明细账"(见表 8-2)。

借:自制半成品——甲半成品　　　　　　　62 000

　　贷:生产成本——一车间　　　　　　　　　62 000

表 8-2　自制半成品明细账

半成品:甲半成品　　　　　　　　　　20××年　　月　　　　　　　　　　单位:件/元

月份	月初余额		本月增加		累　　计			本月减少	
	数量	实际成本	数量	实际成本	数量	实际成本	单位成本	数量	实际成本
3	100	16 000	400	62 000	500	78 000	156	300	46 800
4	200	31 200							

在上列自制半成品明细账中,月初余额应根据上月有关数据计算登记;本月增加的数量和实际成本,应根据计价后的半成品交库单登记;累计的单位成本为加权平均的单位成本,应根据累计的实际成本除以累计的数量计算登记;本月减少的数量,应根据本月减少的数量乘以累计单位成本计算登记。

3.将第二车间的半成品领用单按照自制半成品明细账所记减少成本计价,并据以编制结转半成品的会计分录如下:

借:生产成本——第二车间——甲产品　　　　　　46 800

贷:自制半成品——甲半成品　　　　　　　　　46 800

4.根据各种费用分配表、半成品领用单、产成品交库单,以及第二车间在产品定额成本资料,登记第二车间甲产品成本明细账(见表 8-3)。

二车间甲产品月初结存 200 件,本月完工 450 件,月末结存 50 件。在产品单位定额成本分别是:半成品 120 元,直接人工 25 元,制造费用 34 元。

表 8-3　产品成本明细账

车间:二车间　产品:甲产成品　　　20××年　　月　　日　　　　　　　单位:元

摘　　要	半成品	直接人工	制造费用	合　　计
月初在产品成本	24 000	5 000	6 800	35 800
领用的半成品成本	46 800			46 800
本车间发生费用		11 000	13 000	24 000
生产费用合计	70 800	16 000	19 800	106 600
完工产品成本	64 800	14 750	18 100	97 650
月末在产品成本	6 000	1 250	1 700	8 950

5.根据二车间完工产品成本资料,编制记账凭证

借:库存商品——甲产品　　　　　　　　　97 650

贷:生产成本——基本生产成本(二车间)　　　　97 650

6.成本还原计算。所谓成本还原,就是将成本中所包含半成品综合成本,逐步还原为原始成本。如上例半成品成本计算的结果,是从上一车间或步骤,以综合项目转入后一车间的。由于是按综合项目在各车间之间结转,所以计算出来的完工产品成本,不能很好地按成本项目反映成本的结构,而必须把综合结转的半成品成本进行成本还原,分解为原来的各个成本项目。

还原方法是：从最后一个步骤起，把各步骤所耗上一步骤半成品的综合成本逐步分解，还原成直接材料、直接人工和制造费用等原始成本项目，从而求得按原始成本项目反映的原始成本资料。一般是按本月所产半成品的成本结构进行成本还原，也就是：从最后一个步骤起，把各步骤所耗上一步骤半成品的综合成本，按照上一步骤所产半成品成本结构逐步分解、还原，算出按原始成本项目反映的产成品成本。

【例 8-2】 甲产品由两个生产车间加工制成，上一生产车间为下一生产车间提供半成品，二车间加工制成产成品。各车间成本逐步结转的结果如表 8-4 所示。

表 8-4　　　　　　　　　　　　　　　　　　　　　　　单位：元

车　　间	产　量	半成品	直接材料	直接人工	制造费用	合　　计
一车间半成品成本			41 000	10 000	11 000	62 000
二车间产成品成本		64 800		14 750	18 100	97 650

根据表 8-4 所示，甲产成品本月耗用上一车间半成品费用为 64 800 元，第一车间本月所产该种半成品成本 62 000 元的成本结构，进行分解、还原，算出按原始成本项目反映的甲产成品成本。成本还原一般通过成本还原计算表进行。据前列第一、第二车间甲产成品的有关成本资料，编制甲产成品成本计算表如表 8-5 所示。

现根据上述第一、二两个车间的甲产成品的有关成本资料，编制产成品成本还原计算表如表 8-5。

表 8-5　产成品成本还原计算表

产品名称：甲　　　　　　　　　　20××年 × 月　　　　　　　　　　单位：元

项　目	还原前产成品成本	本月所产半成品成本	本月所产半成品成本结构%	产品成本中半成品成本还原	还原后产成品总成本	还原后产成品单位成本
产量（件）					450	
半成品	64 800				−64 800	
直接材料	—	41 000	66.13	42 852	42 852	95.23
直接人工	14 750	10 000	16.13	10 452	25 202	56
制造费用	18 100	11 000	17.74	11 496	29 596	65.77
成本合计	97 650	62 000	100	64 800	97 650	217

在实际工作中，为了简化计算，也可以按其所耗半成品总成本与该种半成品生产总成本的比率即还原分配率进行还原，以还原率乘本月份一车间（或步骤）转来半成品各个项目成本，即可将半成品的综合成本还原为各个项目的成本，再加上还原前产成品成本中其他各个项目的成本，就是还原后的产成品成本（见表 8-6）。

还原率亦称成本还原率或成本还原分配率，其计算公式为：

$$还原率 = \frac{本月产成品耗用一步骤半成品成本合计}{本月所产该种半成品成本合计}$$

表 8-6　产成品成本还原计算表

产成品名称:甲　　　　　　　　　　20××年3月　　　　　　　　　　单位:元

项　　目	产量(件)	还原分配率	半成品	直接材料	直接人工	制造费用	成本合计
还原前产成品成本			64 800		14 750	18 100	97 650
本月所产半成品成本				41 000	10 000	11 000	62 000
产成品成本中半成品费用还原		1.04516	-64 800	42 852	10 452	11 496	0
还原后产成品总成本	450			42 852	25 202	29 596	97 650
还原后产成品单位成本				95.23	56	65.77	217

注:

①还原率$=\dfrac{64\ 800}{62\ 000}=1.04516$

②产成品成本中半成品各费用还原:

直接材料$=1.04516 \times 41\ 000 = 42\ 852$

直接人工$=1.04516 \times 10\ 000 = 10\ 452$

制造费用$=64\ 800 - 42\ 852 - 10\ 452 = 11\ 496$

③还原后产成品总成本:

直接材料$=42\ 852$

直接人工$=14\ 750 + 10\ 452 = 25\ 202$

制造费用$=18\ 100 + 11\ 496 = 29\ 596$

上例甲产品是由两个生产步骤组成。如果产品的生产步骤不止两步而是三步,按照上述方法还原以后,上表"半成品"项目还会有未还原的综合费用,这时应再进行一次还原。如果是四步,则应还原三次,以此类推,直至"半成品"项目的综合费用全部分解、还原为原始成本项目时为止。

7.综合结转法的优缺点和适用范围。

(1)综合结转法的优点

综合结转法的优点是:可以在各生产步骤的产成品成本明细账中反映各该步骤所耗半成品费用的水平和本步骤加工费用的水平,有利于各个生产步骤的成本管理。例如:可以从钢铁工业企业轧钢步骤的产品(钢材)成本明细账中看出所耗半成品钢锭的费用水平和轧钢费用的水平,有利于轧钢步骤的成本管理。

(2)综合结转法的缺点

综合结转法的缺点是:为了从整个企业的角度反映产品成本的构成,加强企业综合的成本管理,必须进行成本还原,从而增加核算工作。

(3)综合结转法的适用范围

与上述优缺点相联系,综合结转法适宜在管理上要求计算各步骤完工产品所耗半成品费用,但不要求进行成本还原的情况采用。例如钢铁工业企业的半成品生铁和钢锭,既是本企业半成品,又是具有独立经济意义的商品产品,要求计算生铁和钢锭费用是多少、轧钢步骤的加工费用是多少即可;而不需要了解所耗直接材料铁矿石费用是多少;所耗各生产步骤的直接人工费用总额是多少、各生产步骤的制造费用总额是多少。这种企业就适用综合结转法。

（三）分项结转法举例

分项逐步结转分步法是指将上一步骤的半成品成本,分别按照成本项目转入下一步骤成本计算单的各有关成本项目中。这样结转计算的产品成本能够真实地反映产品成本结构,不需要进行成本还原。但这种结转方式转账手续比较繁琐,特别是当半成品经过半成品仓库收发时,在半成品明细账中登记半成品成本时也要按照成本项目分别登记,这种方法计算工作时较大,它适用于管理上不要求提供各步骤完工产品所耗半成品费用和本步骤加工费用资料,但要求提供按原始成本项目反映成本资料的情况。

【例 8-3】 承例 8-2,甲产品的生产,采用分项逐步结转分步法计算其各步骤的生产成本。一车间的计算单见前表 8-1、表 8-2。

1. 根据一车间完工甲半成品交库单和二车间自制半成品领用单,登记自制半成品明细账如下(见表 8-7)。

表 8-7　自制半成品明细账

半成品:甲半成品　　　　　　　20××年3月　　　　　　　单位:元

月份	项　　目	数量（件）	实际成本			
			直接材料	直接人工	制造费用	成本合计
3	月初余额	100	10 500	2 500	3 000	16 000
3	本月增加	400	41 000	10 000	11 000	62 000
3	累　　计	500	51 500	12 500	14 000	78 000
3	单位成本		103	25	28	156
3	本月减少	300	30 900	7 500	8 400	46 800
4	月初余额	200	20 600	5 000	5 600	31 200

2. 根据各种分配表登记二车间产品成本明细账,月末按定额成本计算在产品成本,然后计算出完工产品成本,见表 8-8。

表 8-8　产品成本明细账

车间:二车间　　　　　　　20××年3月　　　　　　　产品:甲产成品　单位:元

摘　　　要	直接材料	直接人工	制造费用	合　　　计
月初在产品成本	24 000	5 000	6 800	35 800
本车间发生费用		11 000	13 000	24 000
领用的半成品	30 900	7 500	8 400	46 800
生产费用合计	54 900	23 500	28 200	106 600
完工产品成本	48 900	22 250	26 500	97 650
月末在产品成本	6 000	1 250	1 700	8 950

3.分项结转法的优缺点

(1)分项结转法的优点是：可以直接、正确地提供按原始成本项目反映的企业产品成本资料，便于从整个企业的角度分析和考核产品成本计划的执行情况，不需要进行成本还原。

(2)分项结转法的缺点是：①成本结转工作比较复杂；②在各步骤完工产品成本看不出所耗上一步骤半成品费用是多少、本步骤加工费用是多少，不便于进行各步骤完工产品成本的分析。例如钢铁工业企业炼钢步骤所产半成品产品钢锭的成本，如果分项转入轧钢步骤产品成本明细账各个成本项目，那么，在其完工转出的产成品钢材成本中就看不出所耗钢锭费用多少，本步骤的轧钢费用有多少，因而不便于进行轧钢步骤的成本管理。

第三节　平行结转分步法

平行结转分步法，也叫不计算半成品成本法。它是不计算各步骤的半成品成本，只计算本步骤发生的费用和应由产品负担的"份额"，将各步骤成本计算单中各成品负担的"份额"平行汇总来计算产品成本的一种方法。

平行结转分步法，适用于大量大批多步骤装配生产的企业，如机械制造企业等。在这种生产类型的企业里半成品种类很多，不需对外销售，如果仍采用逐步结转分步法计算成本，其核算工作量很大而且没有必要。因此为了简化各步骤的计算手续，加快成本的计算工作，可采用这种方法。

一、平行结转分步法的特点

1.平行结转分步法的成本计算对象是各种产品及其所经过的生产步骤的成本"份额"。

2.平行结转分步法，要求按月定期计算产品成本。

3.平行结转分步法，各生产步骤的成本费用不随其半成品实物的转移而结转。因而不需计算半成品成本和设置"自制半成品"账户，月终平行汇总各步骤转出应计入产成品成本的份额，直接计入"库存商品"账户。

4.各生产步骤归集的生产费用，应在本月完工产品和广义在产品之间进行分配。

二、平行结转分步法的计算程序

1. 根据各种原始凭证或通过费用分配汇总表，将各个步骤发生的费用（不包括耗用前一步骤半成品的成本），记入按各个步骤设置的产品成本明细账。

2. 将各个步骤产品成本明细账所归集的生产费用，采用适当的分配方法，在产成品和广义在产品之间进行分配。

这里所说的产成品是指最后步骤加工完成的产成品,所说的广义在产品,是就整个企业而言的,包括本步骤加工中的在产品、半成品库中的半成品、已被以下各步骤耗用但尚未完工的在产品。

各个步骤应计入产成品的费用和在产品的费用,可采用约当产量比例计算,也可采用定额比例或定额成本计算法计算。

3. 将各个步骤应计入产成品成本的份额加以汇总,以计算产成品的总成本和单位成本。

上述计算程序,如图 8-2 所示。

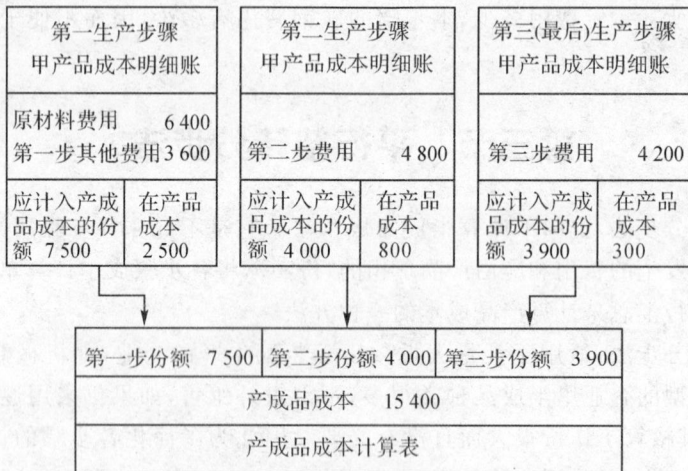

第一生产步骤 甲产品成本明细账		第二生产步骤 甲产品成本明细账		第三(最后)生产步骤 甲产品成本明细账	
原材料费用　　　6 400 第一步其他费用 3 600		第二步费用　　　4 800		第三步费用　　　4 200	
应计入产成 品成本的份 额 7 500	在产品 成本 2 500	应计入产成 品成本的份 额 4 000	在产品 成本 800	应计入产成 品成本的份 额 3 900	在产品 成本 300

第一步份额　7 500	第二步份额 4 000	第三步份额　3 900
产成品成本　　15 400		
产成品成本计算表		

图 8-2　平行结转分步法成本计算程序图

$$\begin{matrix}某步骤应计\\入产成品成\\本的份额\end{matrix}=产成品数量\times\begin{matrix}单位产成品耗\\用某步骤半成\\品数量\end{matrix}\times\begin{matrix}该步骤半成\\品单位成本\end{matrix}$$

$$\begin{matrix}某步骤产品约\\当产量合计\end{matrix}=\begin{matrix}最终完工的产\\成品数量\end{matrix}+\begin{matrix}本步骤以\\后各步骤的\\月末在产品\\数量\end{matrix}+\begin{matrix}该步骤狭义在\\产品约当产量\end{matrix}$$

上式的约当产量也可按以下公式计算:

$$\begin{matrix}某步骤完工产品数量\\与在产品约当产量合\\计(约当产量)\end{matrix}=\begin{matrix}该步骤月初\\半成品数量\end{matrix}+\begin{matrix}本月完工\\半成品数量\end{matrix}+\begin{matrix}该步骤狭义在产\\品约当产量\end{matrix}$$

"该步骤月初半成品数量"是指本步骤已经完工而停留于以后步骤需要进一步加工的在产品数量(即以后步骤的月初在产品数量)和停留于半成品库的数量之和。

$$某步骤半成品单位成本=\frac{该步骤月初在产品成本+本期发生费用}{该步骤完工数量与在产品约当产量合计}$$

三、平行结转分步法举例

【例 8-4】 某厂生产甲产品,分三个步骤完成,原材料在第一步骤生产开始时已全部投入;各步骤月末在产品完工程度均为 50%。由于半成品不出售,管理上也不需要计算半成品成本。故采用平行结转分步法来计算甲产品成本,有关资料如下:

1. 各步骤产量记录及结转情况如图 8-3 所示。

第一步骤产量记录	
项目	数量
月初在产品数量	30
本月投产量	180
本月完工量	190
月末在产品数量	20

第二步骤产量记录	
项目	数量
月初在产品数量	40
本月投产量	190
本月完工量	200
月末在产品数量	30

第三步骤产量记录	
项目	数量
月初在产品数量	30
本月投产量	200
本月完工量	210
月末在产品数量	20

图 8-3

半成品成本明细账及有关成本资料登记,分别如表 8-9 至表 8-12 所示。

表 8-9　基本生产成本明细账

产品名称:甲产品

生产步骤:第一步骤　　　　　　　　20××年 3 月　　　　　　　　单位:元

年		凭证号数	摘　要	直接材料	直接人工	制造费用	合　计
月	日						
略		略	月初在产品成本	8 000	960	720	9 680
			本月发生费用	14 400	3 360	2 520	20 280
			合　计	22 400	4 320	3 240	29 960
			完工数量与在产品约当产量合计	280	270	270	—
			单位成本	80	16	12	108
			最终产品耗用数量	210	210	210	210
			应结转完工产品份额	16 800	3 360	2 520	22 680
			月末在产品成本	5 600	960	720	7 280

第一步骤:

直接材料约当产量 = 210+20+30+20 = 280(件)

各加工费用约当产量 = 210+20+30+20×50% = 270(件)

直接材料单位成本 $= \dfrac{8\,000+14\,400}{280} = 80$(元)

应转入产成品的份额 = 210×1×80 = 16 800(元)

直接人工单位成本 $= \dfrac{960+3\,360}{270} = 16$(元)

应转入产成品份额 $= 210 \times 1 \times 16 = 3\,360$（元）

制造费用单位成本 $= \dfrac{720 + 2\,520}{270} = 12$（元）

应转入产成品份额 $= 210 \times 1 \times 12 = 2\,520$（元）

表 8-10　基本生产成本明细账

产品名称：甲产品

生产步骤：第二步骤　　　　　　　　20××年 3 月　　　　　　　　单位：元

年		凭证号数	摘　要	直接材料	直接人工	制造费用	合　计
月	日						
略		略	月初在产品成本		640	480	1 120
			本月发生费用		4 260	2 460	6 720
			合　计		4 900	2 940	7 840
			完工数量与在产品约当产量合计		245	245	
			单位成本		20	12	32
			最终产品耗用数量		210	210	210
			应结转完工产品份额		4 200	2 520	6 720
			月末在产品成本		700	420	1 120

第二步骤：

各加工费用约当产量 $= 210 + 20 + 30 \times 50\% = 245$（件）

直接人工单位成本 $= \dfrac{640 + 4\,260}{245} = 20$（元）

应转入产品成本份额 $= 210 \times 1 \times 20 = 4\,200$（元）

制造费用单位成本 $= \dfrac{480 + 2\,460}{245} = 12$（元）

应转入产品成本份额 $= 210 \times 1 \times 12 = 2\,520$（元）

表 8-11　基本生产成本明细账

产品名称：甲产品

生产步骤：第三步骤　　　　　　　　20××年 3 月　　　　　　　　单位：元

年		凭证号数	摘　要	直接材料	直接人工	制造费用	合　计
月	日						
略		略	月初在产品成本		1 200	960	2 160
			本月发生费用		5 400	4 320	9 720
			合　计		6 600	5 280	11 880
			完工数量与在产品约当产量合计		220	220	
			单位成本		30	24	54
			最终产品耗用数量		210	210	210
			应结转完工产品份额		6 300	5 040	11 340
			月末在产品成本		300	240	540

第三步骤:

各加工费用约当产量 $= 210 + 20 \times 50\% = 220$(件)

$$直接人工单位成本 = \frac{1\ 200 + 5\ 400}{220} = 30(元)$$

应转入产成品份额 $= 210 \times 1 \times 30 = 6\ 300$(元)

$$制造费用单位成本 = \frac{960 + 4\ 320}{220} = 24(元)$$

应转入产成品份额 $= 210 \times 1 \times 24 = 5\ 040$(元)

表 8-12　基本生产成本明细账

产品名称:甲产品　　　　　　　　　　　　　　　　生产步骤:最后步骤

完工数量:210 件　　　　　　　20××年 3 月　　　　　　　　单位:元

年		凭证号数	摘　要	直接材料	直接人工	制造费用	合　计
月	日						
略		略	第一步骤转入	16 800	3 360	2 520	22 680
			第二步骤转入		4 200	2 520	6 720
			第三步骤转入		6 300	5 040	11 340
			制造成本合计	16 800	13 800	10 080	40 680
			单位成本	80	66	48	194

四、平行结转分步法的优缺点和适用范围

1. 平行结转分步法的优点

平行结转分步法的优点是:(1)各步骤可以同时计算产品成本,平行汇总计入产成品成本,不必逐步结转半成品成本,能够加速成本计算工作;(2)能够直接提供按原始成本项目反映的产成品资料,不必进行成本还原,因而能够简化成本计算工作。

2. 平行结转分步法的缺点

平行结转分步法由于各步骤不计算结转半成品成本,存在着以下缺点:(1)不能提供各个步骤的半成品成本资料;(2)在产品成本在最后产成以前不随产品的转移而转出,即不按其所在的地点登记,而按其发生的地点登记,因而不能为各个生产步骤在产品的实物管理和资金管理提供资料;(3)各生产步骤的产品成本不包括所耗半成品费用,因而不能全面地反映各该步骤产品的生产耗费水平(第一步骤除外),不能更好地满足这些步骤成本管理的要求。

3. 平行结转分步法的适用范围

与上述优缺点相联系,平行结转分步法一般只宜在半成品种类较多,逐步结转半成品成本的工作量较大,管理上又不要求提供各步骤半成品成本资料的情况下采用。但在采用时,应该加强各步骤在产品收发结存的数量核算,以便为在产品的实物管理和资金提供资料(在产品数量乘以单位定额成本即为在产品资金)。

练习题

一、名词解释

1. 平行结转分步法

2. 综合结转法

3. 分项结转法

二、填空题

1. 分步法适用于_____。

2. 逐步结转分步法可分为_____和_____两种方法。

3. 产品成本计算的分步法,不仅要求计算_____成本,而且要计算和结转_____。

4. 逐步结转分步法是为了分步计算半成品成本而采用的一种分步法。也称_____。

5. 综合结转法适宜在管理上要求计算各步骤完工产品所耗半成品费用,但不要求进行_____的情况下采用。

6. 采用平行结转分步法,不计算各步骤所耗上一步骤的_____成本,只计算本步骤的_____费用,以及这些费用应计入_____成本的份额。

三、单项选择题

1. 产品成本计算的分步法一般适用于　　　　　　　　　　　　　　　　　(　)

    A. 大量大批单步骤生产　　　　　　　　B. 大量大批多步骤生产

    C. 小批单件单步骤生产　　　　　　　　D. 小批单件多步骤生产

2. 采用逐步结转分步法,其完工产品与在产品之间分配费用是指下列两者之间的费用分配

    (　)

    A. 产成品与月末在产品

    B. 完工半成品与月末加工中在产品

    C. 完工半成品与在产品

    D. 前面步骤的完工半成品与加工在产品,最后步骤的产品与加工中在产品

四、多项选择题

1. 分步法是否计算半成品成本可以分为　　　　　　　　　　　　　　　(　)

    A. 逐步结转分步法　　　　　　　　　　B. 综合结转分步法

    C. 分项结转分步法　　　　　　　　　　D. 平行结转分步法

2. 逐步结转分步法的优点包括　　　　　　　　　　　　　　　　　　　(　)

    A. 能够提供各个生产步骤的半成品成本资料

    B. 能为半成品的实物管理和资金管理提供数据

    C. 有利于各个生产步骤的成本管理

    D. 有利于加快成本计算工作

3. 广义在产品包括　　　　　　　　　　　　　　　　　　　　　　　　(　)

    A. 尚在本步骤加工的在产品

B. 本步骤已完工转入半成品库的半成品

C. 已从半成品库转到以后各步骤进一步加工,但尚未最后产成的在产品

D. 以上都包括

五、判断题

1. 作为产品成本计算对象的生产步骤与实际的生产步骤有时是不一致的 （ ）

2. 平行结转分步法实际上就是品种法的多次连续应用 （ ）

3. 综合结转法可以直接、正确地提供原始成本项目反映的企业产品成本资料,从本企业的角度分析和考核产品成本计划的执行情况,不需要进行成本还原 （ ）

4. 由于平行结转分步法不计算和登记半成品成本,因此各个生产步骤的产品成本明细都没有"半成品"成本项目 （ ）

六、简答题

1. 简述逐步结转分步法的优缺点和适用范围。

2. 简述平行结转分步法的优缺点和适用范围。

七、计算及核算题

练习一

(一)目的:练习综合结转分步法计算产品成本

(二)资料:某工业企业大量生产甲产品,生产分为两个步骤,由第一车间提供半成品,第二车间将半成品加工成为产成品,该企业采用分步法计算成本。

该企业本月(3月)份第一和第二车间发生的生产费用为:第一车间:直接材料7 620元,直接人工4 515元,制造费用9 900元,第二车间直接人工4 200元,制造费用8 887.5元。

本月初半成品结存数量为20件,其实际总成本为4 425元。本月第一车间完工入库半成品100件,第二车间从半成品库领用半成品105件,本月完工入库产成品100件。

在产品按定额成本计价。其中月初在产品定额成本:第一车间:直接材料4 500元,直接人工3 900元,制造费用6 600元;第二车间:半成品费用9 120元,直接人工1 867.5元,制造费用:4 072.5元。月末在产品定额成品:第一车间:直接材料4 500元,直接人工3 900元,制造费用6 600元,第二车间:半成品费用9 120元,直接人工1 867.5元,制造费用4 072.5元。

(三)要求:

1. 根据上述资料,登记产品成本明细账,按实际成本结转半成品成本,计算产品成本;

2. 编制结转半成品和产成品成本的会计分录。

产品成本明细账

产品名称:半成品甲 产量:100 件

车间名称:第一车间　　　　　　　20××年3月　　　　　　　单位:元

项 目	直接材料	直接人工	制造费用	合 计
月初在产品定额费用				
本月费用				
生产费用合计				
完工半成品成本				
月末在产品定额费用				

自制半成品明细账

半成品名称:甲　　　　　　　　　　　　20××年3月　　　　　　　　　　　计量单位:件/元

月份	月初余额		本月增加		合　计			本月减少	
	数量	实际成本	数量	实际成本	数量	实际成本	单位成本	数量	实际成本
3									
4									

产品成本明细账

产品名称:甲产品

车间名称:第二车间　　　　　　　　　20××年3月　　　　　　　　产量100件　单位:元

项　目	半成品	直接人工	制造费用	合　计
月初在产品定额费用				
本月费用				
生产费用合计				
完工成品成本				
月末在产品定额费用				

练习二

(一)目的:练习成本还原

(二)资料:练习一中第一、二车间成本明细账。

(三)要求:将第二车间产品成本中的半成品费用,按本月产成品耗用上一步骤半成品的综合成本占上一生产步骤完工半成品总成本的比重进行成本还原,计算按原始成本项目反映的产成品成本。

产品成本还原计算表

产成品名称:甲　　　　　　　　　20××年3月　　　　　　　产量:100件　单位:元

项　目	产量(件)	还原分配率	半成品	直接材料	直接人工	制造费用	成本合计
还原前产成品成本							
本月所产半成品成本							
产成品成本中半成品费用还原							
还原后产成品总成本	100						
还原后产成品单位成本							

练习三

(一)目的:练习分项结转半成品成本

(二)资料:

1.见练习一。

2.本月初库存半成品20件的实际总成本为:直接材料1 593元,直接人工885元,制造费用1 947元。第二车间月初在产品定额总成本:直接材料3 420元,直接人工3 690元,制造费用7 950

元。月末在产品定额成本:直接材料 3 420 元,直接人工 3 690 元,制造费用 7 950 元。

(三)要求:根据上列资料登记产品成本明细账和自制半成品明细账,按实际成本分项结转半成品成本,计算产品成本。

产品成本明细账

产品名称:甲半成品

车间名称:第一车间　　　　　　　　20××年 3 月　　　　　　　　产量:100 件　单位:元

项　　目	直接材料	直接人工	制造费用	合　计
月初在产品定额费用				
本月费用				
生产费用合计				
完工半成品成本				
月末在产品定额费用				

自制半成品明细账

半成品名称:甲半成品　　　　　　　　20××年 3 月　　　　　　　　单位:元

月份	项　目	数量(件)	直接材料	直接人工	制造费用	合　计
3	月初余额	20				
	本月增加	100				
	合　计	120				
	单位成本					
	本月减少	105				
	月初余额	15				

产品成本明细账

产品名称:甲成品

车间名称:第二车间　　　　　　　　20××年 3 月　　　　　　　　产量:100 件　单位:元

项　　目	直接材料	直接人工	制造费用	合　计
月初在产品定额费用				
本月车间费用				
本月耗费半成品费用				
生产费用合计				
产成品总成本				
产成品单位成本				
月末在产品定额费用				

第九章

产品成本计算的辅助方法

第一节　产品成本计算的分类法

在一些产品品种、规格繁多的企业,按照产品品种或规格汇集生产成本,分别计算各种规格产品的成本,其计算工作十分繁重。为了简化成本计算工作,对于可按一定标准分类的生产企业可采用分类法。

一、分类法概述

(一)分类法的含义

产品成本计算的分类法,是指按照产品类别归集生产费用,先计算各类产品的总成本,然后再按一定标准分类计算类内各种产品成本的一种方法。采用这种方法计算成本时,需要先将产品分成若干类别,分别计算出各类产品成本。然后采用一定的方法(系数或定额比例)在类内各种产品之间进行分配,以计算出各种产品成本。分类法是品种法在多品种生产企业中的具体应用。在核算过程中,由于一般需要将同类产品之间分配比例折合为分配系数,并按照系数进行分配,故分类法又称"系数法"。

(二)分类法的适用范围

分类法适用于产品品种或规格繁多而且可以对产品进行合理分类的企业。具体是:

(1)用同样原材料,经过同样工艺过程生产出来不同规格的产品.如制袜厂生产不同尺寸的袜子。

(2)用同一种原材料进行加工而同时生产出几种主要产品,即联产品,如炼油企业投入原油,加工出汽油、柴油、润滑油等。

(3)零星产品。显然零星产品所耗原材料、生产工艺过程不同,品种、规格较多,但由于数量较少,费用较小,为了简化成本计算,可归类计算产品成本。

(4)在生产主要产品的生产过程中,附带生产的非主要产品,即副产品,如炼钢厂的炉渣等。将主副产品归为一类计算成本,然后将副产品成本按一定方法计价从总体成本中扣除,余额即为主产品成本。

（三）分类法的特点

分类法计算成本的主要特点是正确划分产品的类别和在类内产品之间选择合理的分配标准,这也是分类法计算成本的关键。

(1)产品类别的划分。产品类别的划分应以产品的性质、结构、用途和所耗原材料,以及生产工艺过程大体相同的产品划为一类,以便按合理的类别归集生产费用。

(2)类内产品之间分配标准的选择。类内产品之间分配标准的选择,应当注意既要保证费用分配结果的正确性和合理性,又要使分配结果简单易行,一般可以选择产品的材料的消耗定额、工时定额、费用定额、定额成本、售价、产品的长度、重量、体积等标准作为计算系数的依据。为简化核算,可将分配标准折合成固定的系数进行分配。

(3)标准产品的选择。采用分类法计算各类产品成本时,可以在每类产品中选择一种产品作为标准产品,标准产品应具有生产稳定、产量较大、规格适中等特点。计算时,将标准产品的单位系数作为"1",与其他规格的单位产品比较,求出各种规格产品的单位系数。单位系数确定后,将各种产品实际产量按单位系数折算为标准产量或总系数,再按标准产量或总系数计算出分配率,进而求出该类产品的总成本和单位成本。

(4)成本计算期和在产品成本计算。成本计算期和生产费用是否需要在完工产品和在产品之间进行分配要依其所结合采用的基本方法而定。

（四）分类法的优缺点和应用要求

1. 分类法的优缺点

采用分类法计算产品成本时,由于各种产品的生产费用均作为间接费用采用适当的分配方法进行分配计算,在产品品种规格繁多的情况下,将产品进行合理分类,具有合并成本计算对象,简化成本核算的优点。

但是,由于类内各种产品的成本都是按照一定比例分配计算的,其结果带有一定的假定性。同时,分类的类距的合理性直接影响到成本计算的准确性。

2. 分类法的应用要求

(1)分类合适。在产品分类时,应将产品的结构、生产工艺技术和所耗原材料基本相同或相近的产品划为一类,因为这类产品的成本水平比较接近。

(2)类距恰当。类内产品的类距不能过大,也不能过小。类距定得太大,会影响成本计算的准确;类距定得太小,起不到简化成本计算工作的作用。

(3)分配标准符合实际。分配标准的选择,是采用分类法时能否做到既简化成本核算工作,又使成本计算相对正确的关键。要尽可能选择与产品成本水平高低有密切联系的分配标准。各项成本项目可采用同一分配标准.也可采用不同的分配标准。当产品结构、所用原材料或工艺过程发生较大变动时,应修订分配系数或另选分配标准,以便使分配结果更加合理。

二、分类法成本计算程序

1. 按产品类别设置生产成本明细账,账内按成本项目设置专栏,以归集汇总各该类别产品的生产费用。以便按合理的类别归集生产费用。

按产品类别设置生产成本明细账,应首先将不同品种和规格的产品进行合理的分类。所谓合理的分类是指应根据产品所用的原材料和工艺过程的不同,将相同的各种规格、品种的产品划为一类;注意类距不宜过大也不宜过小。

2. 各类产品在生产过程中发生的各种生产费用,应根据费用与各类产品的关系,分别计入各类产品的生产成本明细账。其中,可分类别直接认可的费用,直接计入各类别产品的生产成本明细账中;类别间共耗的直接费用应采用适当的标准在类别间进行分配,然后计入生产成本明细账中;发生的制造费用先通过"制造费用"账户归集,月末采用一定的分配标准在类别间进行分配,然后计入生产成本明细账中。

3. 月末,将各类别产品生产成本明细账归集的生产费用进行汇总,并采用适当的分配方法在本类完工产品和月末产品之间进行分配,计算出完工产品成本。

4. 选择适当的分配标准或系数,将各类别完工产品成本在类内各种产品之间进行分配,计算类内各种产品的总成本和单位成本,编制产成品成本汇总表。

三、分类法的应用

按"系数法"计算产品成本的分类法。

(一)系数法与标准产品

系数法是将分配标准折算成相对固定的系数,按照固定系数在类内各种产品之间分配,计算类内各种产品成本的一种方法。

具体做法是:在类内产品中选择一种产量较大,生产较稳定、规格较适中的产品作为标准产品,把这种产品的系数定为:"1",求出类内其他各种产品的分配标准数额与标准产品的分配标准数额比例,即系数;再把各种产品的产量乘以系数,折合为标准产品的产量,据以进行分配计算类内各种产品的成本。

(二)计算公式

按"系数"划分并计算类别内各种产品成本的方法常用的计算公式如下:

$$\frac{各种产成品}{的折合数量} = \frac{每种产成品}{实际产量} \times \frac{该种产品}{的系数}$$

$$\frac{各种在产品}{的折合数量} = \frac{每种在产品}{实际数量} \times \frac{该种在产}{品的系数}$$

$$\frac{成\quad 本}{分配率} = \frac{期初在产品成本+本期发生费用}{全部产成品的折合总量+全部在产品的折合总量}$$

各种产成品成本 = 该种产成品折合量×成本分配率

期末在产品成本 ＝ 在产品折合量×成本分配率

（三）计算实例

【例9-1】 某厂的产品规格很多,其中甲1、甲2、甲3三种产品耗用原材料和生产工艺技术过程比较接近,因而将其归并为一类为甲类,采用分类法计算产品成本。有关资料如下:

（1）甲类产品月初、月末在产品成本和本月生产费用资料,如表9-1所示。

表9-1

单位:元

项　　　目	直接材料	直接人工	制造费用	合　　计
月初在产品	6 500	5 850	3 000	15 350
本月费用	157 100	25 015	68 250	250 365
月末在产品	7 000	6 280	4 500	17 780

（2）甲类产品的消耗定额比较准确、稳定,因而该企业月末在产品按定额成本计算。甲类产品消耗定额和产量如表9-2。

表9-2　甲类产品消耗定额和产量记录

单位:元/件

产品名称	产量(件)	材料消耗定额	工时消耗定额
甲1	3 800	23.4	14.4
甲2	4 900	18	16
甲3	1 000	14.4	12

（3）甲2为标准产品

根据以上资料,采用分类法计算甲1、甲2、甲3产品成本:

①开设按产品类别的成本计算单,归集和分配本月生产费用的程序和方法与品种法相同,因而本例计算分配过程从略。

②计算和分配各类别的本月完工产品和月末在产品成本,计算过程从略。

甲类产品成本计算单如表9-3所示。

表9-3　产品成本计算单

产品类别:甲类　　　　　　　　　　20××年3月　　　　　　　　　　单位:元

项　　　目	直接材料	直接人工	制造费用	合　　计
月初在产品成本	6 500	5 850	3 000	15 350
本月费用	157 100	25 015	68 250	250 365
合　计	163 600	30 865	71 250	265 715
完工产品成本	156 600	24 585	66 750	247 935
月末在产品成本	7 000	6 280	4 500	17 780

③计算材料和工时消耗系数如表 9-4 所示。

表 9-4　材料和工时消耗系数计算表　　　　　　单位:元

产品名称	单 位 产 品		材料定额消耗量系数	定额工时系数
	材料消耗定额	工时消耗定额		
甲 1	23.4	14.4	1.3	0.9
甲 2	18	16	1	1
甲 3	14.4	12	0.8	0.75

分配标准采用产品的售价等计算系数,可比照上述办法进行。

④计算类内各种产品成本如表 9-5 所示。

表 9-5　类内各种产品成本计算表　　　　　　单位:元

产　品	产量(件)	材料定额消耗量系数	定额工时系数	总 系 数		总 成 本				单位成本
				直接材料	其他费用	直接材料	直接人工	制造费用	合计	
①	②	③	④	⑤=②×③	⑥=②×④	⑦=⑤×分配率	⑧=⑥×分配率	⑨=⑥×分配率	⑩	⑪
分配率						14.72	2.71	7.36		
甲 1	3 800	1.3	0.9	4 940	3 420	72 716.8	9 268.2	25 171.2	107 156.2	28.199
甲 2	4 900	1	1	4 900	4 900	72 128	13 279	36 064	121 471	24.790
甲 3	1 000	0.8	0.75	800	750	11 755.2	2 037.8	5 514.8	19 307.8	19.308
合计				10 640	9 070	156 600	24 585	66 750	247 935	

直接材料费用分配率 $= \dfrac{156\ 600}{10\ 640} = 14.72$

直接人工费用分配率 $= \dfrac{24\ 585}{9\ 070} = 2.71$

制造费用分配率 $= \dfrac{66\ 750}{9\ 070} = 7.36$

四、联产品、等级品和副产品的成本计算

(一)联产品的成本计算

联产品是指用同样的原材料,并在同一生产过程中生产出两种或两种以上性质、用途不同的主要产品。特别是化工工业,如原油经过提炼,可以炼出各种汽油、煤油和柴油等产品。联产品所用的原材料和工艺过程相同,因而最适宜,也只能归为一类,采用分类法计算成本。

分类法对于一般可以分类的产品来说,可以采用,也可以不采用,采用分类法只是为了简化各种产品成本的计算工作。但对于联产品来说,其生产费用都是间接计入费

用,各种产品的各项费用都必须通过间接分配确定,因而必须采用分类法计算各种产品的成本。

（二）等级品的成本计算

等级品是指用相同的原材料,经过相同的生产过程,生产出性质相同但品级或质量有差别的产品。如果不同质量的产品是由于内部结构、所用的原材料的质量或工艺技术上的要求不同而产生的,那么,这些产品是同一品种不同规格的产品,也可以归为一类,采用分类法计算成本。

如果这些产品的结构、所用的原材料和工艺过程完全相同,产品质量上的差别是由于工人操作或管理不善而造成的,这些产品称为等级品。不同等级产品的单位成本,应该是相同的,因而不能将分类法的原理应用到这些产品的成本计算中去。也就是说不能按照等级品的不同售价或者以售价为依据确定的系数分配费用,为不同等级的产品确定不同的单位成本。次质的等级品由于售价较低造成的损失,只能说明企业在提高产品质量上还有需要改进的缺陷。

（三）副产品的成本计算

副产品是指某些制造企业在生产主要产品的过程中还会附带生产出一些非主要产品,这些非主要产品就是副产品。例如炼铁生产中产生的高炉煤气,提炼原油过程中产生的油渣、石油焦,洗煤生产中产生的煤泥,以及制皂生产中产生的甘油等。生产副产品,虽不是企业生产的主要目的,但也可以满足社会某些方面的需要,也有经济价值,因而也应该加强管理和核算。

由于副产品是在主要产品生产过程中附带生产出来的,因而生产过程中发生的费用,很难区分开哪些是主要产品发生,哪些是副产品发生,只能将副产品和主要产品归并为一类,比照分类法计算其成本。

由于副产品不是企业生产的主要目的,其价值比较低,在全部商品产品中所占比重较少,因此可以采用简化的方法计算副产品的成本。也就是将副产品与主要产品合并为一类,设置成本计算单,归集生产费用,计算产品成本,然后将副产品按照一定方法计价,并从总成本中扣除,扣除后的余额即为主要产品成本。

副产品的计价方法,可以按照售价减去销售税金和按正常利润率计算的销售利润后的余额计价;也可以在此基础上确定固定的单价,以固定的单价计算。副产品的计价额,一般从总成本的直接材料项目中扣除。

为了正确地计算主、副产品的成本,对副产品的计价要合理,既不能提高副产品的价格,把主产品的费用转嫁给副产品;也不应压低副产品价格,把销售副产品的价损转嫁给主产品。如果副产品的售价不能补偿其销售费用时,副产品就不应计价。如果副产品的价值有所提高,其产量在全部产品中占的比重也比较大,这时的副产品也就成了联产品,应按联产品计算成本。

如果副产品与主产品分离后,还要进行加工,例如在制皂过程中产生的含有甘油

的盐水,在与主产品分离后还要加入某些辅助材料,经过一定的加工处理,才能生产出甘油,这时,还应根据副产品加工生产的特点和管理要求,采用适当的方法单独计算副产品的成本。

如果副产品加工时间不长,所需费用不多时,为了简化成本计算工作,可以不单独计算副产品成本,按计划成本计算,并从主副产品的费用总额中,分别成本项目扣除,剩下的余额即为主要产品成本。

第二节 产品成本计算的定额法

一、定额法概述

(一)定额法的意义

定额法是以产品的定额成本为基础,加减脱离现行定额差异和定额变动差异,计算产品实际成本的一种方法。它是在加强企业计划管理和定额管理的基础上产生的。实际定额法,在生产费用发生时,能根据生产费用定额和实际发生数额计算脱离现行定额差异,以便随时控制和监督生产费用的发生,降低产品的实际成本。

(二)定额法的特点

(1)定额法把成本计划、成本核算、成本分析和成本控制有机地结合起来,不仅便于及时进行成本分析,而且能有效地进行成本控制,有利于挖掘企业潜力,不断降低产品成本。

(2)定额法不是一种独立的成本计算方法,它与生产类型无直接关系,只是为了加强成本控制和简化成本核算而采用的一种辅助的成本计算方法,它必须与品种法、分批法或分步法结合使用。

(3)定额法根据计划和定额先计算定额成本,再分别计算脱离定额差异和定额变动差异,既便于根据定额成本按比例分配完工产品和月末在产品之间的费用,又有利于提高计划和定额管理工作水平。

(4)定额法的实行必须具备一定的条件,即产品生产已经定型,产品结构及工艺基本稳定,定额管理制度比较健全,各项定额管理工作的基础较好。因此,定额法适用于大量大批生产,定额管理制度健全的企业。

(三)定额法的内容

1.定额法下产品实际成本的核算。采用定额法计算产品成本,其实际成本由定额成本、脱离定额差异、定额变动差异和材料成本差异等四个因素组成。

定额成本是根据企业某一时期所实行的各种消耗定额、当期费用预算和其他资料计算的一种预计产品成本。它是衡量生产费用节约或超支的尺度,是计算实际成本的基础。

定额差异是生产过程中各项实际生产费用脱离现行定额的差异,它标志着各项生产费用支出的合理程度;及时反映和监督生产消耗的节约和浪费,有利于加强成本控制,寻找降低成本的途径;同时也反映了执行现行定额的工作质量;是运用定额法进行成本控制的关键因素。

定额变动差异是由于修改定额后,在新旧定额成本之间产生的差额。它与生产费用支出的节约或浪费无关,是定额本身变动的结果,标志着生产技术和生产组织等方面的改善对定额的影响程度,这和定额差异是截然不同的。

材料成本差异是因为在定额法下,材料的日常核算必须以计划成本计价而产生的材料实际成本与计划成本的差异,这项差异反映了所耗原材料的价差。只有分配计入产品成本,才能最终求出产品实际成本。

2.定额法的程序。通过定额法的控制程序,可以看出定额法的具体内容,其一般程序如下:

(1)按产品(或批别、步骤)设置成本计算单,成本计算单按成本项目分设定额成本、定额差异、定额变动差异等专栏。

(2)根据产品实际产量和有关定额资料,计算产品的定额成本,根据各种定额差异凭证,汇总计算各种产品定额差异,并记入产品成本计算单中。

(3)如果定额有变动,则要计算定额变动差异,并据以调整月初在产品定额成本。

(4)月末,根据产品成本计算单,分别算出定额成本和定额差异总数,并按成本项目分别计算定额差异分配率和定额变动差异分配率。

(5)根据完工产品通知单按成本项目计算完工产品定额成本,然后分别乘以定额差异分配率和定额变动分配率,计算出完工产品应负担的定额差异和定额变动差异。完工产品定额成本加减定额差异和定额变动差异,即求得完工产品实际制造成本。

(6)厂部财会部门将各车间产品成本计算单进行汇总,并分配材料价格差异,按产品类别汇编产品成本计算单即可求得产成品的实际总成本和单位成本。

二、定额法的原理和方法

实行定额法,首先必须制定产品的定额成本。在产品制造过程中,通过对定额成本差异的计算与分析,实行产品成本控制。

(一)脱离定额差异的计算

脱离定额差异的计算应按成本项目逐项进行。一般分为直接材料定额差异的计算,直接工资定额差异的计算和制造费用定额差异的计算。

1.直接材料定额差异的计算。一般情况下,班组核算直接材料定额差异可只核算材料定额差异数量,而不核算其差异金额,差异金额可集中在月终由财会部门一次核算,当然班组核算员素质较好,也可以同时核算差异数量和金额。其计算公式如下:

$$直接材料定额差异=\sum\left[(材料实际消耗数量-材料定额消耗数量)\times材料计划单价\right]$$

月末,如班组将材料定额差异核算资料分产品进行汇总,即可求出按产品反映的材料定额差异,并提供给车间或厂部财会部门进行成本核算。

2.直接工资定额差异的计算。由于工资制度不同,所以直接工资定额差异的计算有所不同。在计件工资下,符合定额的直接工资,均应反映在产量记录中,按计件单价支付的工资就是定额工资。此外,一切奖金、津贴、补贴等都要专设凭证单独反映,均属于工资的定额差异,其计算与直接材料定额差异相类似。在计时工资下,无法根据产品产量计算,若生产工人工资是直接计入某种产品成本的,则其定额差异可以用该产品的生产工人的实际工资同实际产量的定额工资比较确定。其公式如下:

$$某产品直接工资脱离定额差异=该产品实际直接工资-\left(该种产品实际产量\times单位产品工资定额\right)$$

若生产工人工资不是直接计入某种产品成本的,而是采用实际生产工时进行分配,则应按下列步骤确定定额差异,其公式如下:

$$单位小时计划工资=\frac{某车间计划产量的定额直接工资总额}{该车间计划产量的定额生产工时总数}$$

$$单位小时实际工资=\frac{该车间实际直接工资总额}{该车间实际生产工时总数}$$

$$该产品的定额直接工资=该产品实际产量的定额生产工时\times单位小时计划工资$$

$$该产品实际直接工资的定额差异=该产品实际生产工时-该产品定额生产工时$$

$$某种产品直接工资的定额差异=该种产品实际生产工人工资-该种产品实际产量\times单位产品定额工资$$

从上式可见,直接工资定额差异是由工时差异和小时工资差异两个因素形成的,在日常产量记录中,应按产品类别反映定额工时、实际工时和工时脱离定额的差异及差异产生的原因,以便定期按产品类别汇集。

3.制造费用定额差异的计算。制造费用大多属于间接费用,不能在费用发生的当时直接按产品确定其定额差异。平时只能根据费用预算控制费用支出,待月末实际费用总额计算出来以后才能与定额费用对比,确定其定额差异。若制造费用按工时标准分配,则其脱离定额差异也是由工时差异和小时费用率差异两个因素组成,其计算方法与直接工资定额差异计算方法基本相同。

另外,废品损失应单独反映,对于不可修复废品的成本应按定额成本计算。由于废品损失并不列入产品定额成本内,所以全部作为定额差异处理,通常可根据废品损失通知单和废品损失计算表确定。

(二)材料成本差异的分配

在定额法下,为了便于控制与考核,材料的日常核算必须按计划成本进行,因此,直接材料的定额成本和定额差异等均以计划单位成本反映。为使材料消耗按实际成本反映，显然还必须分配材料成本差异，这一差异属于材料价格差异（材料定额差异属于材料数量差异），通常由财会部门于月末一次分配计入产品成本。为简化和加速各步骤成本计算工作，材料成本差异一般都由完工产品成本负担，不计入月末在产品成本，其计算公式如下：

$$\begin{matrix}某产品应分配的\\材料成本差异\end{matrix} = \left(\begin{matrix}该产品直接\\材料定额成本\end{matrix} \pm \begin{matrix}直接材料\\定额差异\end{matrix}\right) \times \begin{matrix}材料成本\\差异率\end{matrix}$$

这时，产品实际成本的计算公式应为：

$$产品实际成本 = 产品定额成本 \pm 脱离定额差异 \pm 材料成本差异$$

（三）定额变动差异的计算

定额成本修订，一般是定期地在月初、季初或年初进行，当定额变动时，月初在产品的定额成本仍是按照旧定额计算的，为了使月初在产品定额成本和本月投入产品的定额成本水平一致，以计算产品实际成本，就应按新定额对月初在产品的定额成本进行调整，计算出月初在产品的定额变动差异。至于月份内发生的定额变动，为了简化核算，可以暂时不调整，待下月初再进，调整方法如下：

1.直接计算法。根据在产品盘存资料计算，先求出变动前和变动后单位零部件材料定额消耗量差异，乘以定额变动的零部件数量，再乘以材料单价即得定额变动差异金额，计算公式如下：

$$\begin{matrix}月初在\\产品定额\\变动差异\end{matrix} = \sum \left[\left(\begin{matrix}变动前单位\\零件材料定\\额消耗量\end{matrix} - \begin{matrix}变动后单位\\零件材料定\\额消耗量\end{matrix}\right) \times \begin{matrix}定额变\\动零件\\数量\end{matrix} \times \begin{matrix}材料\\单价\end{matrix}\right]$$

2.系数换算法。

$$系数 = \frac{按新定额计算的单位产品成本}{按旧定额计算的单位产品成本}$$

$$月初在产品定额变动差异 = 按旧定额计算的月初在产品成本 \times (1 - 系数)$$

由于消耗定额的变动一般表现为不断下降的趋势，因而，月初在产品定额变动差异，一方面应从月初在产品定额成本中扣除该项差异；另一方面，由于该项差异是月初在产品生产费用的实际支出，因此，还应该将该项差异计入本月产品实际成本。若消耗定额不是下降，而是提高，则月初在产品定额成本中应加入该项差异，但实际并未发生这部分支出，所以应将其从实际成本中扣减。

对于定额变动差异，一般应该按照定额成本比例在完工产品和在产品之间进行分配，但如果差异数量不大，也可以全部归完工产品成本负担。

（四）产品实际成本的计算

产品实际成本的计算，是以定额成本为基础，加减脱离定额差异、材料成本差异和定额变动差异计算求得。计算公式如下：

$$\begin{matrix}产品实\\际成本\end{matrix}=\begin{matrix}按现行定额计算\\的产品定额成本\end{matrix}\pm\begin{matrix}脱离现行\\定额差异\end{matrix}\pm\begin{matrix}定额变\\动差异\end{matrix}\pm\begin{matrix}材料成\\本差异\end{matrix}$$

在核算月末在产品成本的情况下，月初核算实际产品成本时，还应将月初和本月发生的定额成本、定额差异和定额变动差异分别相加，并按成本项目分别计算出定额差异分配率和定额变动差异分配率。其计算公式如下：

$$定额差异分配率=\frac{定额差异合计}{定额成本合计}\times100\%$$

$$定额变动差异分配率=\frac{定额变动差异合计}{定额成本合计}\times100\%$$

根据产量记录和产品定额成本计算表，按成本项目计算完工产品的定额成本，然后分别乘以定额差异和定额变动差异分配率，即得完工产品应负担的定额差异和定额变动差异。在完工产品定额成本的基础上，加减定额差异和定额变动差异以及材料成本差异，即为完工产品的实际成本。

三、定额法的运用

【例 9-3】 某企业大批量生产甲产品，该产品的各项消耗定额比较准确、稳定，采用定额法计算产品成本，成本核算工作集中在厂部财会部门。有关资料如下：

（1）定额资料如表 9-10 所示（材料在生产开始时一次投入）。

表 9-10 二月份甲产品单位定额成本计算表　　　　　　单位：元

项　　目	耗用量	计划单价	定额成本
直接材料	100 千克	4.50	450
直接人工	200 小时	0.40	80
燃料和动力	200 小时	0.35	70
制造费用	200 小时	0.50	100
合　　计			800

（2）月初在产品 100 件，其成本资料如表 9-11 所示。

表 9-11　　　　　　　　　　　　　　　　单位：元

成本项目	定额成本	定额差异
直接材料	45 500	2 000
直接人工	8 000	100
燃料和动力	7 000	80
制造费用	10 000	100
合　　计	70 500	2 280

（3）定额变动资料：甲产品直接材料费用定额由上月的 455 元降为 450 元，由于月初在产品为 100 件，所以甲产品的定额变动差异为 500 元（5×100）。

表 9-12　产品成本计算表

单位:元

成本项目	月初在产品		月初在产品定额变动		本月费用		生产费用合计			差异分配率	产品成本				月末在产品	
	定额成本	定额差异	定额成本调整	定额变动差异	定额成本	定额差异	定额成本	定额差异	定额变动差异		定额成本	定额差异	定额变动差异	实际成本	定额成本	定额差异
1	2	3	4	5	6	7	$8=2+4+6$	$9=3+7$	$10=5$	$11=9/8$	12	$13=12 \times 11$	$14=10$	$15=12+13+14$	$16=8-12$	$17=9-13$
直接材料	45 500	2 000	−500	+500	225 000	11 525	270 000	13 525	+500	0.0501	180 000	9 018	+500	189 518	90 000	4 507
直接人工	8 000	100			40 000	1 660	48 000	1 760		0.0367	32 000	1 174.40		33 174.40	16 000	585.60
燃料动力	7 000	80			35 000	1 075	42 000	1 155		0.0275	28 000	770		28 770	14 000	385
制造费用	10 000	100			50 000	1 165	60 000	1 265		0.0211	40 000	844		40 844	20 000	421
合　计	70 500	2 280	−500	+500	350 000	15 425	420 000	17 705	+500		280 000	11 806.40	+500	292 306.40	140 000	5 898.60

(4)本月实际发生费用为 365 425 元,其中:直接材料为 236 525 元,直接人工为 41 660元,燃料动力费为 36 075 元,制造费用为 51 165 元。

(5)本月投产 500 件,当月完工 400 件。

(6)成本计算如表 9-12 所示。

练 习 题

一、名词解释

1.系数法

2.定额法

3.联产品

4.副产品

二、填空题

1.产品成本计算的_____,是指按照_____归集生产费用,先计算各类产品的总成本,然后再按_____分类计算各种产品成本的一种方法。

2.分类法适用于_____,而且可以对产品进行_____的企业。

3.分类法按_____设置_____明细账,账内按_____设置专栏,以归集各该类别产品的生产费用。

4.定额法适用于_____、_____的企业。

5.直接材料定额差异可只核算_____,而不核算其_____,差异金额可集中在月终由财会部门一次核算。

6.直接工资定额差异是由_____和_____两个因素形成的。

7.若制造费用按工时标准分配,则其脱离定额差异由_____和_____个因素组成。

8.分类法是产品成本核算的一种_____方法,其特点是按照_____归集生产费用,计算产品成本。

三、单项选择

1.产品成本计算的分类法适用于　　　　　　　　　　　　　　　　　　　　　　（　　）

　　A.品种、规格繁多的产品

　　B.可以按照一定标准分类的产品

　　C.品种、规格繁多.而且可以按照产品结构、所用原材料和工艺过程的不同划分为若干类别的产品

　　D.只适用于大批大量生产的产品

2.采用分类法的目的在于　　　　　　　　　　　　　　　　　　　　　　　　　（　　）

　　A.分类计算产品成本　　　　　　　　B.简化各种产品的成本计算工作

　　C.简化各类产品的成本计算工作　　　D.准确计算各种产品的成本

3. 按照系数比例分配同类产品中各种产品成本的方法 　　　　　　　　（　　）

　　A. 是一种完工产品和月末在产品之间分配费用的方法

　　B. 是一种单独的产品成本计算方法

　　C. 是一种简化的分类法

　　D. 是一种分配间接费用的方法

4. 原材料脱离定额差异是 　　　　　　　　（　　）

　　A. 数量差异　　　　　　　　　　　　B. 价格差异

　　C. 一种定额变动差异　　　　　　　　D. 原材料成本差异

5. 定额法的主要缺点是 　　　　　　　　（　　）

　　A. 只适用于大批大量生产的机械制造企业

　　B. 较其他成本计算方法核算工作量大

　　C. 不能合理、简便地解决完工产品和月末在产品之间的费用分配问题

　　D. 不便于成本分析工作

6. 产品成本计算的定额法,在适用范围上 　　　　　　　　（　　）

　　A. 与生产的类型没有直接关系　　　B. 与生产的类型有着直接的关系

　　C. 只适用于大批大量生产的机械制造业　D. 只适用于小批单件生产的机械制造业

7. 材料成本差异是因为在定额法下,材料的日常核算必须以计划成本计价所产生的材料实际

　　成本与(　　)的差异

　　A. 计划成本　　B. 定额成本　　　　C. 合同成本　　　　D. 采购成本

8. 采用定额法,首先必须制定产品的定额成本。在产品制造过程中,通过对(　　)的计算与分

　　析,实行产品成本控制

　　A. 定额的成本差异　　　B. 实际成本　　C. 产品产量　　　　D. 计划成本

四、多项选择

1. 采用分类法计算产品成本时,应注意以下几点 　　　　　　　　（　　）

　　A. 分类合适　　　　　　　　　　　　B. 类距恰当

　　C. 分配标准符合实际　　　　　　　　D. 计算方法正确

2. 分类法类内产品常用分配标准有 　　　　　　　　（　　）

　　A. 定额消耗量　　B. 定额消耗费用　　　C. 售价　　　　　　D. 产量

3. 采用定额法计算产品成本,其实际成本由以下(　　)因素组成。

　　A. 定额成本　　B. 脱离定额差异　　　C. 定额变动差异　　D. 材料成本差异

4. 按照系数比例分配同类产品中各种产品成本的方法 　　　　　　　　（　　）

　　A. 是一种单独的产品成本计算方法

　　B. 是完工产品和月末在产品之间分配费用的方法

　　C. 是分类法的一种

　　D. 是一种简化的分类法

5. 可以或者应该采用分类法计算成本的产品是 　　　　　　　　（　　）

　　A. 联产品　　　　　　　　　　　　　B. 生产过程中产生的废品

　　C. 由于工人操作所造成的质量等级不同的产品

D. 品种、规格繁多,但可按规定标准分类的产品

6. 采用分类法计算成本的优点有 （　）

　　A. 可以简化成本计算工作　　　　　　B. 可以分类掌握产品成本情况

　　C. 可以使类内的各种产品成本的计算结果更为准确

　　D. 便于成本日常控制

7. 在脱离定额差异的核算中,与原材料脱离定额差异核算方法相同或类似的有 （　）

　　A. 自制半成品　　　　　　　　　　　B. 计件工资形式下的生产工人工资

　　C. 计时工资形式下的生产工人工资　　D. 制造费用

8. 在定额法下,产品的实际成本是由（　　　）因素组成

　　A. 按现行定额计算的产品的定额成本　B. 脱离现行定额的差异

　　C. 材料成本差异　　　　　　　　　　D. 月初在产品定额变动差异

9. 定额法的主要优点是 （　）

　　A. 有利于加强成本控制,便于成本定期分析

　　B. 有利于提高成本的定额管理和计划管理水平

　　C. 能够较为合理、简便地解决完工产品和月末在产品之间的费用分配

　　D. 较其他成本计算方法核算的工作量小

五、判断题

1. 只要产品品种、规格繁多,就可以采用分类法计算产品成本 （　）

2. 分类法是以产品类别为成本计算对象的一种产品成本计算的基本方法 （　）

3. 按照系数分配计算类内各种产品成本的方法,是一种简化的分类法 （　）

4. 分类法的适用与否与产品的生产类型有着直接关系 （　）

5. 产品内部结构、所用原材料、工艺技术过程完全相同,但由于工人操作而造成的质量等级不同的产品,可以应用分类法原理,按照不同售价在它们之间分配费用 （　）

6. 用分类法计算出的类内各种产品的成本具有一定的假定性 （　）

7. 定额成本是一种目标成本,是企业进行成本控制和考核的依据 （　）

8. 对于同一种产品只能采用一种成本计算方法 （　）

9. 一个企业或车间有可能同时应用几种成本计算方法 （　）

10. 只有大量大批生产的企业才能采用定额法计算产品成本 （　）

11. 定额法的优点是较其他成本计算方法核算工作量要小 （　）

六、简答题

1. 简述分类法适用范围。

2. 简述定额法的特点。

七、计算与核算题

练习一

(一)目的:练习产品成本分类法的运用

(二)资料:某企业按照产品类别归集生产费用计算产品成本,确定甲2为标准产品,类内不同规格产品的成本采用系数法或定额比例法分配。该厂20××年3月有关甲类产品产量、定额及成本资料如下:

1.产品消耗定额和产量记录如下表

甲类产品消耗定额和产量记录

产品名称	产量(件)	材料消耗定额	工时消耗定额
甲1	5 600	48	11
甲2	1 300	40	10
甲3	4 000	60	12

2.生产成本资料如下表

生产成本资料表
单位:元

项 目	直接材料	直接人工	制造费用	合 计
月初在产品成本	195 000	130 000	150 000	475 000
本月生产费用	1 034 100	225 600	332 600	1 592 300
月末在产品成本	247	60	4 460	4 767

(三)要求:按系数法计算甲类三种产品成本

甲类产品成本计算表(系数法)
单位:元

产品	产量(件)	材料定额消耗量系数	定额工时系数	总系数 直接材料	总系数 其他费用	总成本 直接材料	总成本 直接人工	总成本 制造费用	合计	单位成本
分配率										
甲1										
甲2										
甲3										
合计										

直接材料费用分配率=

直接人工费用分配率=

制造费用分配率=

练习 二

(一)目的:练习产品成本计算定额法的运用

(二)资料:某企业大批量生产甲产品,该产品各项消耗定额比较准确、稳定,采用定额法计算产品成本。有关资料如下：

1. 甲产品定额成本资料如下表（材料在生产开始时一次投入）。

甲产品单位定额成本资料

项　目	定额成本（元）
直接材料	275
直接人工	43
制造费用	35
合　计	353

2. 月初在产品成本资料如下表

单位：元

成本项目	定额成本	定额差异
直接材料	10 000	−785
直接人工	2 000	+140
制造费用	6 000	−900
合　计	18 000	−1 545

3. 定额变动资料：甲产品直接材料费用定额由上月的 285 元降为 275 元，由于月初在产品为 200 件，所以甲产品的定额变动差异为 2 000 元（10 ×200）。

4. 本月实际发生费用为 271 650 元。其中：直接材料为 213 000 元，直接人工为 32 900 元，制造费用为 25 750 元。

5. 本月投产 800 件，当月完工 700 件。

6. 成本计算单如下表所示。

(三)要求：根据资料，采用定额法计算产品成本，并将计算结果列入下表中。

甲产品定额成本计算表

单位:元

成本项目	月初在产品		月初在产品定额成本调整		本月费用		生产费用合计			差异分配率	产品成本				月末在产品	
	定额成本	定额差异	定额成本调整	定额变动差异	定额成本	定额差异	定额成本	定额差异	定额变动差异		定额成本	定额差异	定额变动差异	实际成本	定额成本	定额差异
1	2	3	4	5	6	7	8=2+4+6	9=3+7	10=5	11=9/8	12	13=12×11	14=10	15=12+13+14	16=8-12	17=9-13
直接材料																
直接人工																
制造费用																
合　计																

注:分配率小数点以下保留 4 位,4 位以下四舍五入。

第十章

成本报表

第一节　成本报表的种类、作用和编报要求

成本报表是根据产品成本的核算资料以及其他有关资料编制的,用来反映企业一定时期产品成本水平及其构成情况的报告文件。编制和分析成本报表,是成本会计工作的一项重要内容。

一、成本报表的作用

1. 分析、考核工业企业产品成本计划执行情况。工业企业和上级部门利用成本报表,可以分析和考核企业成本计划执行情况,促进企业降低成本、节约费用,从而提高企业的经济效益,增加国家的财政收入。

2. 为提高企业管理水平提供数据。通过对成本报表的分析,可以揭示工业企业再生产过程中的成绩和存在的问题,为进一步提高企业管理水平提供所需的成本数据。

3. 为企业进行经营决策提供数据。成本报表提供的实际成本资料,可以为企业确定产品价格,对成本和利润等进行预测,制定有关的生产经营决策,为编制成本和利润等计划提供重要的成本数据。

二、成本报表的种类

成本报表不是对外报送或公布的会计报告。因此,成本报表的种类、项目、格式和编制方法等国家不作统一规定,由企业自行确定。企业主管部门为了对所属企业的成本管理工作进行指导,也可以要求企业将其成本报表作为会计报表的附表上报。

成本报表一般包括产品生产成本表、主要产品单位成本表和制造费用明细表。

三、成本报表的编制要求

1. 数字准确。报表的指标数字,必须有根有据,真实可靠,不允许估计数字,严禁弄虚作假。因此,企业在编制报表前,应将本期内发生的各项经济业务,全部登记入

账;认真清查财产物资,做到账实相符;核对账簿记录,做到账账相符。报表经编制完毕,还要核对账表资料,做到账表相符、表表相符。

2.内容完整。表内各项目,包括补充资料,都应全面填列;需要有文字说明的应附送文字说明。

3.报送及时。成本报表属内部管理报表,只有及时报送给有关管理部门和人员,才能发挥有效作用。

第二节　主要成本报表的编制

一、产品生产成本表的编制

产品生产成本表是反映工业企业在一定时期内生产产品而发生的全部生产费用的报表。该报表一般按成本项目和产品品种反映。

(一)按成本项目反映的产品生产成本表

1.按成本项目反映的产品生产成本表的结构。按成本项目汇总反映企业在一定时期内发生的产品生产成本,可以反映工业企业在一定时期内全部生产成本发生的情况,了解产品成本发生的总体状况;可以考核全部产品成本计划的执行结果,了解产品成本升降的情况;可以揭示成本差异,分析成本差异的原因,挖掘降低产品成本的潜力。

该表由表首和表体组成。表首列示报表的名称、编报单位名称、编报日期、货币单位等内容。表体格式分纵栏和横栏。纵栏包括生产费用和产品生产成本两部分,生产费用按直接材料、直接人工、制造费用等成本项目列示;横栏则列示各成本项目和产品生产成本的上年实际、本年计划、本月实际、本年累计实际等成本指标。

【例 10-1】　大正公司按成本项目反映的产品生产成本表如表 10-1 所示。

表 10-1　产品生产成本表(按成本项目反映)

编报单位:大正公司　　　　　　　　　20××年12月　　　　　　　　　单位:元

项　　目	上年实际	本年计划	本年实际	本年累计实际
直接材料	1 154 200	1 539 970	118 000	1 599 500
直接人工	1 012 100	1 321 380	110 112	1 225 177
制造费用	263 245	374 970	30 218	385 180
生产费用合计	2 429 545	3 236 320	258 330	3 209 857
加:在产品期初余额	123 250	135 410	10 284	131 010
减:在产品期末余额	106 132	117 122	9 775	109 200
产品生产成本合计	2 446 663	3 154 608	258 839	3 231 667

2.按成本项目反映的产品生产成本表的编制。在实际工作中,产品生产成本表一般按月编制。按成本项目反映的产品生产成本表各项目应按下列方法编制:

(1)上年实际数根据上年 12 月份本表的本年累计实际数填列。

(2)本年计划数根据成本计划有关资料填列。

(3)本年累计实际数根据本月实际数,加上上月本表的本年累计实际数计算填列。

(4)本月实际数的填列方法:

①按成本项目反映的各种生产费用数,根据各种产品成本明细账所记本月生产费用合计数,按照成本项目分别汇总填列。

②期初、期末在产品以及自制半成品的余额,应根据各种产品成本明细账的期初、期末在产品成本以及自制半成品明细账的期初、期末余额,分别汇总填列。

③产品生产成本合计数,按生产费用合计数加在产品、自制半成品期初余额,减在产品、自制半成品期末余额计算填列。

(二)按产品品种反映的产品生产成本表

1.按产品品种反映的产品生产成本表的结构。按产品品种汇总反映工业企业在一定时期内生产的全部产品的总成本和单位成本,可以考核各品种产品和全部产品成本计划的执行情况,分析各种可比产品成本降低计划的执行结果,促使企业采取有效措施,不断降低产品成本,为进行产品单位成本分析指明方向。

该表由表首和表体组成。表首列示报表的名称、编报单位名称、编报日期、货币单位等内容。表体内容由可比产品成本、不可比产品成本和补充资料三部分组成,其格式分纵栏和横栏,纵栏按各种产品的名称列示,横栏分别列示各种产品的实际产量单位成本、本月总成本和本年累计总成本等成本指标,同时分别设置了本年计划、本月或本年实际成本数。

【例 10-2】 大正公司按产品品种反映的产品生产成本表,如表 10-2 所示。

2.按产品品种反映的生产成本表的编制。该表是根据企业本期各产品生产成本明细账,上年本表资料和本年成本计划资料编制。实际工作中,表 10-2 所列各项指标的编制方法如下:

(1)各种产品的本月实际产量,应根据相应的产品成本明细账填列。

(2)本年累计实际产量,应根据本月实际产量加上月本表的本年累计实际产量计算填列。

(3)上年实际平均单位成本,应根据上年度本表所列全年累计实际平均单位成本填列。

(4)本年计划单位成本,应根据本年成本计划填列。

(5)本月实际单位成本,应根据表中本月实际总成本除以本月实际产量计算填列。

(6)本年累计实际平均单位成本,应根据表中本年累计实际总成本除以本年累计实际产量计算填列。

填报单位：大正公司

表10-2　产品生产成本表（按产品品种反映）

20××年12月

单位：元

产品名称	计量单位	实际产量		单位成本				本月总成本			本年累计总成本		
		本月	本年累计	上年实际平均	本年计划	本月实际	本年累计实际平均	按上年平均单位成本计算	按本年计划单位成本计算	本月实际	按上年实际平均单位成本计算	按本年计划单位成本计算	本年实际
1	2	3	4	5	6	7	8	$9=3\times5$	$10=3\times6$	$11=3\times7$	$12=4\times5$	$13=4\times6$	$14=4\times8$
可比产品成本合计								503 487.40	539 949.50	249 041	3 005 698	3 138 140	2 692 160
其中:甲产品	件	1 200	15 000	116.29	116.85	87.50	92.35	139 548	140 220	105 000	1 744 350	1 752 750	1 385 250
乙产品	件	3 145	10 900	115.72	127.10	45.80	119.90	363 939.40	399 729.50	144 041	1 261 348	1 385 390	1 306 910
不可比产品:丙产品		300	9 500	×	146.75	32.66	56.7902	×	440 250	9 798	×	1 394 125	539 507
全部产品成本合计	×	×	×	×	×	×	×	980 199.50		258 839		4 532 265	3 231 667

(7)按上年实际平均单位成本计算的本月总成本,应根据本月实际产量乘以上年实际平均单位成本计算填列。

(8)按本年计划单位成本计算的本月总成本,应根据本月实际产量乘以本年计划单位成本计算填列。

(9)本月实际总成本,应根据产品成本明细账或产成品成本汇总表填列。

(10)按上年实际平均单位成本计算的本年累计总成本,应根据本年累计实际产量乘以上年实际平均单位成本计算填列。

(11)按本年计划单位成本计算的本年累计总成本,应根据本年累计实际产量乘以本年计划单位成本计算填列。

(12)本年累计实际总成本,应根据产品成本明细账或产成品成本汇总表本年各月产成品成本计算填列。

(13)补充资料中,可比产品的成本降低额、降低率,可按下式计算填列:

$$\begin{matrix}可比产品\\成本降低额\end{matrix} = \begin{matrix}按上年实际平均单位成本\\计算的可比产品总成本\end{matrix} - \begin{matrix}本年可比产品\\实际总成本\end{matrix}$$

$$可比产品成本降低率 = \frac{可比产品成本降低额}{按上看实际平均单位计算的可比产品总成本}$$

二、主要产品单位成本表的编制

主要产品单位成本表是反映企业在报告期内生产的各种主要产品单位成本构成情况的成本报表,是按产品品种反映的产品生产成本表中主要产品"单位成本"栏的补充和说明。

(一)主要产品单位成本表的结构

主要产品单位成本表由表首、表体构成。表首主要列示报表的名称、编报单位、编报时间、产品名称、规格、计量单位、销售单价、本月实际产量、本月累计实际产量等。表体一般包括按成本项目反映的单位成本和主要技术经济指标两个部分,并分别反映历史先进水平、上年实际平均、本年计划、本月实际和本年累计实际平均的单位成本等。

主要产品单位成本表可以反映企业各种主要产品生产的实际成本水平、成本构成和技术经济指标的现状,考核主要产品单位成本计划的执行结果,分析各项单位成本节约或超支的原因;可以将本月实际单位成本和本年累计实际平均单位成本与上年实际平均单位成本和历史先进水平进行对比,找出差距,寻求挖掘降低成本的潜力,分析各主要单位产品单位成本变化、发展的趋势,为企业编制计划、修订定额提供参考资料。

(二)主要产品单位成本表的编制

【例10-3】 编制大正公司甲产品20××年3月份的单位成本表,如表10-3所示。

表 10-3　主要产品单位成本表

单位:大正公司　　　　　　　　　　　　　20××年3月　　　　　　　　　　计量单位:元/件

产品名称:甲产品　　　　　　　　　　　　　　　　　　　　　　　本月实际产量:1 300

产品规格:　　　　　　　　　　　　　　　　　　　　　　　　　本月累计实际产量:17 000

成本项目	历史先进水平(××年)	上年实际平均	本年计划	本月实际	本年累计实际平均
直接材料	80.12	97.20	100.10	89.70	80.25
直接人工	8.70	23.10	12.40	8.20	14.10
制造费用	8.68	10.28	12.75	12.48	13.70
产品单位成本	97.5	130.58	125.25	110.38	108.05
主要技术经济指标	耗用量	耗用量	耗用量	耗用量	耗用量
A 材料	(略)	(略)	(略)	(略)	(略)
B 材料	(略)	(略)	(略)	(略)	(略)

主要产品单位成本表应按企业主要产品分别编制,按成本项目分别反映单位成本水平,其编制方法是:

(1)基本部分的产品名称、规格、计量单位、产量根据有关产品成本计算单填列;

(2)产品单位成本的历史先进水平,根据本企业生产该种产品在历史上单位生产成本最低年度的成本计算资料填列;

(3)上年实际平均单位成本根据上年12月份本表中"本年累计实际平均"栏的数字填列;

(4)本年计划单位成本根据企业本年产品计划资料填列;

(5)本月实际单位成本根据本月"产品生产成本明细账"提供的资料填列;

(6)本年累计实际平均单位成本则需要计算填列,计算公式为:

$$某种产品本年累计实际平均单位成本 = \frac{该产品本年累计实际总成本}{该产品本年累计实际总产量}$$

三、制造费用明细表的编制

制造费用明细表是具体反映工业企业在报告期内发生的各项制造费用及其构成情况的成本报表,一般只反映基本生产车间的制造费用情况。

(一)制造费用明细表的结构

制造费用明细表一般是按制造费用项目设置,分别反映各项费用的本年计划数、上年同期实际数、本月实际数、上年同期累计实际数和本年累计实际数。

制造费用明细表可以按费用项目分析制造费用本年累计实际数比上年同期累计实际数的增减变化情况;可以按费用项目分析制造费用年度计划的执行情况及其原因;可以分析本月实际和本年累计实际制造费用的构成情况,并与上年同期实际构成情况和计划构成情况进行比较,分析制造费用构成的变化趋势及其原因。

（二）制造费用明细表的编制

【例10-4】 大正公司20××年3月制造费用明细表如表10-4所示。

表10-4 制造费用明细表

编报单位:大正公司 20××年3月 单位:元

项　目	本年计划	上年同期 实际	本月实际	上年累计 实际	本年累计 实际
工资及福利费	19 250	15 750	12 210	150 234	201 730
折旧费	68 000	5 000	4 000	80 000	87 000
修理费	22 000	1 800	2 110	21 000	23 130
办公费	10 000	800	580	6 000	8 700
水电费	64 000	5 200	4 100	87 000	63 580
保险费	28 000	1 900	1 613	20 400	21 020
差旅费	35 000	2 000	1 755	10 600	9 199
合　计	246 250	32 450	26 368	375 234	414 359

制造费用明细表编制方法是:

(1)上年同期实际数,根据上年本表的对比月份,本月同期实际数填列;

(2)本年计划数,根据制造费用计划数填列;

(3)本月实际数,根据制造费用总账科目所属明细账汇总填列;

(4)本年累计实际数,根据"制造费用明细账"的本年累计实际发生额填列。

练习题

一、名词解释

1.产品生产成本表

2.主要产品单位成本表

3.制造费用明细表

二、填空题

1.成本报表的种类、项目、格式和编制方法,应由企业_____确定。

2.产品生产成本表一般按_____和_____反映。

3.企业主要成本报表包括_____、_____和_____。

4.制造费用明细表一般只反映_____的制造费用情况。

三、单项选择题

1.按照会计制度规定,成本报表是 　　　　　(　　)

A.对外报表　　　　　　　　　　B.对内报表(或称内部报表)

C.既是对外报表,也是对内报表　　D.对内还是对外,由企业自行决定

2.成本报表属于内部报表,成本报表的种类、格式、项目指标的设计和编制方法、编制日期,具体

报送对象由 （　　）

A. 企业自行决定　　　　　　　　　B. 国家统一规定

C. 既可以按国家规定又可以自行决定　　D. 上级主管机关规定

3. 产品生产成本表可以按（　　）反映

A. 产品品种　　B. 费用种类　　　　C. 车间　　　　　D. 日期

4. 制造费用明细表一般只反映（　　）的制造费用情况

A. 班组　　　　B. 基本生产车间　　C. 管理部门　　　D. 福利部门

四、多项选择题

1. 反映企业成本执行情况的报表,主要有 （　　）

A. 制造费用明细表　　　　　　　　B. 产品生产成本表

C. 主要产品单位成本表　　　　　　D. 材料耗用情况表

2. 主要产品单位成本表反映的单位成本,包括（　　）单位成本

A. 本月实际　　　　　　　　　　　B. 同行业同类产品实际

C. 本年计划　　　　　　　　　　　D. 上年实际平均

五、判断题

1. 成本报表只能定期进行编制 （　　）

2. 制造费用明细表不需要"本年计划"栏 （　　）

3. 产品单位成本降低只影响成本降低额,不影响成本降低率 （　　）

4. 成本报表的种类、格式可根据企业实际需要自行设计 （　　）

5. 按成本项目编制的成本报表可以考核全部产品成本计划的执行情况 （　　）

6. 按产品品种反映的成本报表可以反映工业企业在一定时期内全部生产成本发生情况 （　　）

7. 成本报表是内部报表,所以编制时其格式年内可以任意变动 （　　）

8. 编制成本报表可以综合反映报告期产品成本水平,降低产品成本 （　　）

9. 主要产品是指单位成本较低、销量较大的产品 （　　）

10. 会计报表属于内部报表,不对外报送 （　　）

六、简答题

1. 简述成本报表的作用。

2. 简述成本报表编制的基本要求。

七、计算及核算题

练习一

(一)目的:练习按成本项目反映的产品生产成本表中的有关栏目的填列

(二)资料:某企业系单品种生产企业,20××年3月生产成本明细账如下:

年		量	摘　　要	成　本　项　目				合　计
月	日	(件)		直接材料	直接人工	制造费用	燃料和动力	
			期初在产品费用	7 620	4 480	4 929	2 540	19 569
3	31		本月生产费用	27 600	15 960	17 760	8 620	69 940
3	31		生产费用累计	35 220	20 440	22 689	11 160	89 509
3	31		本月完工产品成本	23 520	13 440	14 799	8 220	59 979
3	31		完工产品单位成本	261.33	149.33	164.33	91.33	666.42
3	31		期末在产品费用	11 700	7 000	7 890	2 940	29 530

(三)要求:填列该企业产品生产成本表(按成本项目反映)中"本月实际"栏目应填列的数额。

产品生产成本表(按成本项目反映)

编报单位:××公司　　　　　　　　20××年3月　　　　　　　　单位:元

项　　目	上年实际	本年计划	本月实际	本年累计实际
直接材料	331 200	329 800		192 200
直接人工	195 200	193 400		112 720
燃料和动力	105 450	103 500		60 240
制造费用	229 650	222 580		124 320
生产费用合计	861 500	849 280		489 480
加:在产品期初余额	280 580	262 828		137 983
减:在产品期末余额	370 950	364 360		205 710
产品生产成本合计	771 130	747 748		421 753

练习二

(一)目的:练习按产品种类反映的产品成本表的编制

(二)资料:某企业生产甲、乙、丙三种产品,甲、乙两种产品为可比产品,丙产品为不可比产品。
有关资料如下表所示。

单位:元

产品名称	12月末		本　月	单位成本		
	累计产量(件)	累计实际成本	实际产量(件)	上年平均实际	本年计划	本月实际
甲产品	1 000	276 750	100	326	324	323
乙产品	2 150	604 150	200	268	270	372
丙产品	3 400	761 600	300		216	210

(三)要求:

1.编制按产品品种反映的产品成本表,如下表所示。

2.计算可比产品成本降低额和成本降低率。

可比产品成本降低额 =

可比产品成本降低率=

产品生产成本表（按产品品种反映）

20××年12月

单位：元

产品名称	计量单位	实际产量		单位成本				本月总成本			本年累计总成本		
		本月	本年累计	上年实际平均	本年计划	本月实际	本年累计实际平均	按上年平均单位成本计算	按本年计划单位成本计算	本月实际	按上年实际平均单位成本计算	按本年计划单位成本计算	本年实际
1	2	3	4	5	6	7	8	$9=3\times5$	$10=3\times6$	$11=3\times7$	$12=4\times5$	$13=4\times6$	$14=4\times8$
可比产品成本合计													
其中：甲产品	件												
乙产品	件												
不可比产品：丙产品		×	×	×	×	×	×	×					
全部产品成本合计	×										×		

图书在版编目(CIP)数据

成本会计 / 黄成光,应太松主编. —杭州:浙江大学出版社,2008.1(2015.2重印)

ISBN 978-7-308-05771-4

Ⅰ.成… Ⅱ.①黄…②应… Ⅲ.成本会计－职业教育－教材 Ⅳ.F234.2

中国版本图书馆 CIP 数据核字(2008)第 009577 号

成本会计

黄成光　　应太松　　主编

策　　划	徐素君
责任编辑	徐素君
封面设计	刘依群
出版发行	浙江大学出版社
	(杭州市天目山路 148 号　邮政编码 310007)
	(网址:http://www.zjupress.com)
排　　版	浙江时代出版服务有限公司
印　　刷	杭州杭新印务有限公司
开　　本	787mm×960mm　1/16
印　　张	10.75
字　　数	250 千
版 印 次	2012 年 1 月第 2 版　2015 年 2 月第 7 次印刷
书　　号	ISBN 978-7-308-05771-4
定　　价	18.00 元